知識ゼロからの

働き方改革で変わる労働法入門

萩谷雅和
菅原修
萩谷法律事務所 弁護士

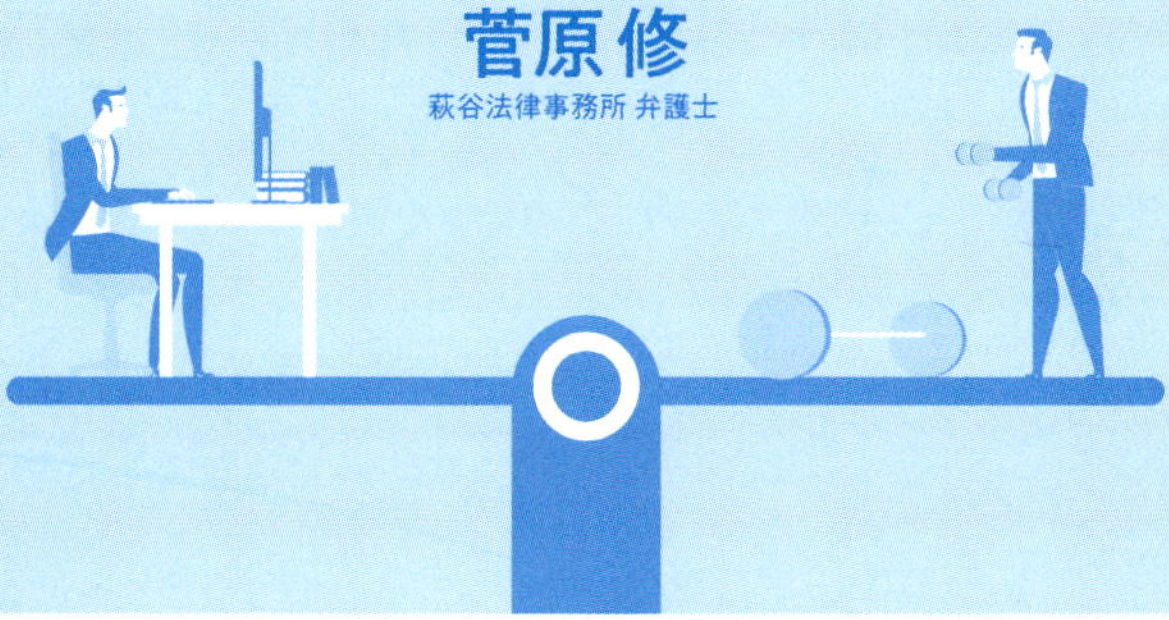

何が変わるの？

- ◉基本給、昇給の不合理な格差をなくす
- ◉派遣社員は派遣先の社員と同一待遇
- ◉上限を超えて残業させると罰せられる
- ◉年5日は有休を消化させること
- ◉高収入の専門職は労基法に縛られない

会社はどうする？

- ◉雇用形態と就業規則の見直しが出発点
- ◉職務内容を差別化して遵守する
- ◉従業員の労働時間管理に取り組む
- ◉〝残業ができない仕組み〟を作る
- ◉副業・兼業で生じる〝残業代〟に注意

幻冬舎

はじめに

ここ数年、「働き方改革」が注目されています。とはいえ、何がどう変わるかを正しく理解している人は、多くはありません。関連法案の一部は2019年から施行され、違反すれば罰則も。経営者や労務に携わる人にとって、まさに「待ったなし」の状況です。

本書では、働き方改革と、それによって変わる労働法についてまとめました。序章ではまず、改革で行われる主な取り組みを解説。続く第1章、第2章、第3章では、改革の肝であり、多くの企業と従業員に影響を与える3つのテーマ、「同一労働同一賃金」「長時間労働の是正」「高度プロフェッショナル制度」について紹介しています。さらに、大前提として押さえておきたい労働法の基礎知識を、第4章にまとめました。

改革を知り、会社のすべきことを考える契機としていただければ幸いです。

萩谷法律事務所　萩谷雅和
菅原　修

CONTENTS 知識ゼロからの働き方改革で変わる労働法入門《目次》

第4章

序章

働き方改革で何が変わるの?

企業文化、従業員のライフスタイルに変革を！

多様な働き方ができる社会になる

そもそも「働き方改革」って何ですか？

「働き方改革」は、政府が日本経済再生に向けて掲げる「ニッポン一億総活躍プラン」実現のための大きな柱のひとつ。労働制度改革によって国民の生活や会社の業績を改善し、日本経済に好循環をもたらそうというものなんだ。

労働制度の改革が、なぜ今、必要とされるの？

政府の見解では、アベノミクスで日本経済は好転したものの、個人消費や企業の設備投資は伸び悩んでいる。その原因とされるのが、生産年齢人口の減少など「人口構造の問題」と、新しい技術への投資不足などによる「生産性向上の低迷」。これらを解消するために、労働制度の抜本的な改革が不可欠と考えているんだ。

具体的には、どんな取り組みが行われるんですか？

まず、「正規・非正規の不合理な処遇差」「長時間労働」「単線型のキャリアパス」といった従来の労働システムを変える。

例えば、非正規の処遇が改善され、能力が適正に評価されるようになれば、仕事への意欲が湧き、いきいきと働くことができるし、

ニッポン一億総活躍プラン：「三本の矢」（金融緩和、財政出動、成長戦略）の経済政策をはじめ、子育て支援、社会保障の基盤を強化することで、経済のさらなる好循環を目指す。

アベノミクスによる経済好転：アベノミクスは、２０１２年12月に発足した安倍晋三内閣の経済政策。国内総生産の増加、日経平均株価の上昇、求人倍率の改善といった成果を導いたとされている。

長時間労働が是正されれば、女性や高齢者も働きやすくなる。
仕事と生活、つまりワーク・ライフ・バランスを見直そうという、ライフスタイルにかかわる意識改革でもあるんだ。

まさに働く人のための改革。企業のメリットはないの？

改革によって生産性が向上すれば、大きなメリットになる。また、増益分を企業が賃金として社員に還元すれば、国内消費を押し上げるから好循環が生まれ、企業の収益力にも日本の経済成長にもプラスになるはずだ。

会社としては、どんな対応が必要になるのかな？

大きな柱は「同一労働同一賃金」と「長時間労働の是正」。正規・非正規社員の待遇の見直しが求められるうえ、残業の上限が罰則付きの法律によって定められることになる。
すでにあちこちで不合理な処遇に対する訴訟が起こされ、政府が２０１６年に示した「同一労働同一賃金ガイドライン案」に沿って判決が下されている。各企業が改革を進めるなか、対応が遅れる企業には人が集まらなくなる可能性もある。訴訟や人材不足リスク回避のためには、今から準備が必要なんだ。

単線型キャリアパス：キャリアパスとは、社員がある職位や職務に就くまでに、どのような業務経験を積み、知識を身につけていくかという道筋のこと。係長→課長→部長→…のような管理職を目指す一本道の出世コースは「単線型」と呼ばれる。

「同一労働同一賃金」は第１章（P21〜）、「長時間労働の是正」は、第２章（P51〜）で詳しく解説。

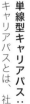

働き方改革 1

非正規社員の待遇を改善する

正規と非正規の間の「不合理な」格差が禁じられます。

詳しくは
第1章
(P21~)へ

現在、非正規社員（有期契約社員・パートタイマー・派遣社員）は全体の約4割。子育てなどで自ら非正規を希望する女性や若者が増えているとされますが、労働意欲を高めるためにも「不合理な格差」解消が課題です。

「不合理な格差」について、政府はガイドライン案で、賃金にとどまらず、福利厚生施設の利用などについても同一または違いに応じた待遇にするべきと定めています。

施行は大企業が２０１９年４月、中小企業は２０２０年４月ですが、すでにガイドライン案に沿って関連法が改正され、制度の整備が進んでいます。

働き方改革 2

長時間労働を是正する

残業に罰則付きの上限時間を設定し、労働時間を短縮。

詳しくは第2章(P51~)へ

これまでは、長く働くことを美徳とする企業風土に加え、労使が協定を結べば、残業時間の上限は実質青天井でした。

長時間労働には、罰則付きの上限が設けられました。週40時間の法定労働時間を超える時間外労働の限度を、月45時間、年３６０時間と設定。特例として年７２０時間まで認めるものの、特例適用回数など細かく制約を設けます。大企業は２０１９年４月、中小企業は２０２０年４月から。今回除外された業界も、５年後を目途に適用予定です。

また、終業と始業の間に一定の休息を確保する勤務間インターバル制度も努力義務になります。

働き方改革 3

柔軟な働き方がしやすい環境を作る

テレワークや副業・兼業など、多様な働き方の普及を進めます。

テレワークは近年、ＩＴ機器を使ってサテライトオフィスで仕事をしたり、雇用契約を結ばない「非雇用型テレワーク」など多様化。仕事と子育て・介護を両立させる手段になるとして、政府はテレワークのガイドライン改定を進めています。

また最近では、副業や兼業希望者が増える反面、認める企業はまだ少数。副業や兼業は技術開発や起業にもつながるため、容認を促す方向でガイドラインが策定される見通しです。

ただし、こうした多様な働き方は、長時間労働となるリスクもあり、健康を管理するルールづくりが課題です。

働き方改革 4

賃金引き上げで生産性を向上させる

賃金を年々引き上げ、個人消費の増加をねらいます。

政府は、企業収益を従業員に還元して個人消費を押し上げ、経済の好循環を生み出すロードマップを描いています。年３％程度の最低賃金引き上げを目途とし、全国加重平均が１０００円になることを目指します。

目標達成に向けて政府は、賃上げに積極的な企業に対し、税制や予算措置で支援する姿勢を打ち出しています。

また中小企業に対しては、生産性向上の支援を実施。下請け企業が不利にならないよう、下請法の運用基準を抜本改定したほか、代金支払方法を原則現金払いとしました。取引状況は、国の取引調査員が調査します。

働き方改革 5

女性や若者が活躍しやすい環境づくり

女性や、非正規を続ける若者が働きやすい仕組みを作ります。

「女性が輝く社会」を目指して制定された女性活躍推進法などの取り組みで、女性の就業者数は増加中。しかし、家庭との両立などが足かせとなって能力を発揮できない女性が、たくさんいます。

このため、女性活躍推進法の強化に加え、離職後も復職や再就職に向けて学習できるリカレント教育や、収入制限を意識せず働ける税制・社会保障制度などの環境づくりが行われます。

また、就職氷河期に卒業後やむなく非正規を続けている若者に、職業訓練の場を提供するとともに、企業にも「同一労働同一賃金」の原則に沿った待遇改善などを促します。

働き方改革 6

病気の治療と仕事の両立を支援

病気を治療しながらでも働きやすい環境を作ります。

治療しながら働く人は、労働人口の3分の1にも。仕事との両立に悩んだり、キャリアを諦めざるを得ない人も多くいます。

病を抱えた人に対する企業の意識改革や、仕事と両立させるためのサポート体制の整備のため推進されているのが、トライアングル型支援。医療と労務管理などの知識を持つ両立支援コーディネーターが、主治医と会社の仲介役となるものです。

また、働きすぎによる心身の不調や過労死対策のため、産業医の機能を強化。医師との面接や相談が確実に行われるような環境整備が進められます。

働き方改革 7

育児や介護との両立、障害者の就労を支援

育児や介護をしながら働ける環境づくり、障害者の雇用を促進します。

2013年から進められてきた「待機児童解消加速プラン」。2018年以降は新プランが実施され、保育士の処遇改善も行われる予定です。

男性の育児休暇取得については、男性が取りやすい環境づくりなど、あらゆる政策を動員して推進します。

介護のために仕事を辞める介護離職については、介護職の待遇改善で人材を確保。介護離職ゼロを目指します。

障害者の就労は、雇用義務のある企業の3割が、今も雇用ゼロ。そこで2018年4月から法定雇用率を引き上げ、実習の受け入れ支援や障害者雇用の研修実施などが行われます。

働き方改革 8

転職や再就職を支援する

いったん離職した人も再び働きやすいような環境を作っていきます。

新卒一括採用や終身雇用などの単線型キャリアパスは、いったん職を離れた人の再チャレンジを難しくしています。

こうした課題克服のため、転職・再就職者が不利にならないよう労働市場を柔軟化。多様な採用機会を設ける方策が検討されています。

企業に対しては、転職者を受け入れて能力開発や賃金アップを行う成長企業への助成金を拡大。能力評価による人事システムを導入する企業への助成も創設されます。

転職者の利便性向上のため、職業情報を総合的に提供するサイトの創設など、官民が連携して「情報の見える化」を進めていくとしています。

働き方改革 9

子どもたちの進学を後押しする

希望すれば誰でも夢に向かって学ぶ機会が得られる環境を整備します。

教育については、経済事情にかかわらず、誰でも夢に向かって頑張ることができる社会を目指します。高等教育の無償化を進めるとともに奨学金制度を充実させ、希望者は誰でも高校や大学などで学ぶ機会が得られる環境を整備。具体的には、給付型の奨学金制度の創設、無利子奨学金の拡充、貸与型奨学金返還時における負担軽減策などが盛り込まれました。

幼児教育については、無償化措置を、低所得世帯対象の第二子以降まで拡大。さらに義務教育段階の就学支援、高校生等奨学給付金、大学等授業料減免の充実など負担軽減が図られます。

働き方改革 10

高齢者の就業を促進する

年齢にかかわらず活躍できる「エイジレス社会」を目指します。

今、高齢者の7割近くが65歳を超えても働きたいと願う一方、実際に働いている人は約2割。人手不足に悩む企業にも、高齢者の雇用は不可欠です。年齢にかかわらず働ける社会の実現が課題です。

まず、2020年までを集中取組期間とし、65歳以上の継続雇用延長や65歳までの定年延長を行う企業に助成を強化。取組期間終了時に、制度を再検討します。

また、幅広い社会貢献を後押しするため、キャリアチェンジも促進。ハローワークで職の情報を見える化するとともに、U・I・Jターンして働くためのネットワークが創設されます。

働き方改革 11

外国人材を積極的に受け入れる

高度な技術や知識を持った外国人材を受け入れ、活躍を促します。

グローバル競争力強化のためには、高度な技術・知識を持つ外国人を受け入れ、イノベーション力を高めることが不可欠。高度外国人材を積極的に受け入れるため、日本版高度外国人材グリーンカードを創設し、永住許可申請に必要な在留期間が、世界最短級の1年に短縮されました。

　また、日本で働く際に、人事評価や言葉の壁に悩む外国人が多いため、人事評価システムの透明化や英語による就労環境の提供を促進し、マッチング支援も行います。

　一般の外国人の受け入れは、日本人の雇用への影響やコストなどを考慮し、検討していくことになっています。

第1章

同一労働同一賃金

正規も非正規も関係ない。会社は能力に報いる

これまで問題だったのは何？

増える非正規社員。格差に対する不満解消が急務！

なぜ今、「同一労働同一賃金」が注目されるようになったの？

ひとつは、契約社員やパートタイマー、派遣社員など「非正規社員」の増加に伴う変化だ。これまで日本では、一般に非正規社員の収入は家計の補助とみられ、企業側は安価な労働力として、非正規社員を雇用の調整弁に使ってきた。

ところが近年、雇用者に占める非正規の割合が4割近くにまで上り、非正規の収入だけで生計を立てる人も増えてきた。また、正社員並みの仕事を任される非正規社員も増えるなど、非正規雇用をめぐる状況が大きく変化してきている。

こうしたなかで、処遇の低さや立場の不安定さ、同じ仕事をする正社員との格差などがクローズアップされてきたんだ。非正規社員のモチベーションが下がると、企業全体の業績悪化につながってしまうから、企業にとっても死活問題と言えるね。

非正規社員というと、女性や高齢者が多いイメージですね。

そう。非正規社員の待遇を考えることは、女性や高齢者など、多様な人の働き方を考えることでもある。

例えば、女性は家庭との両立を考えて非正規を選ぶ人も多いけれ

〈非正規の職員・従業員数の推移〉

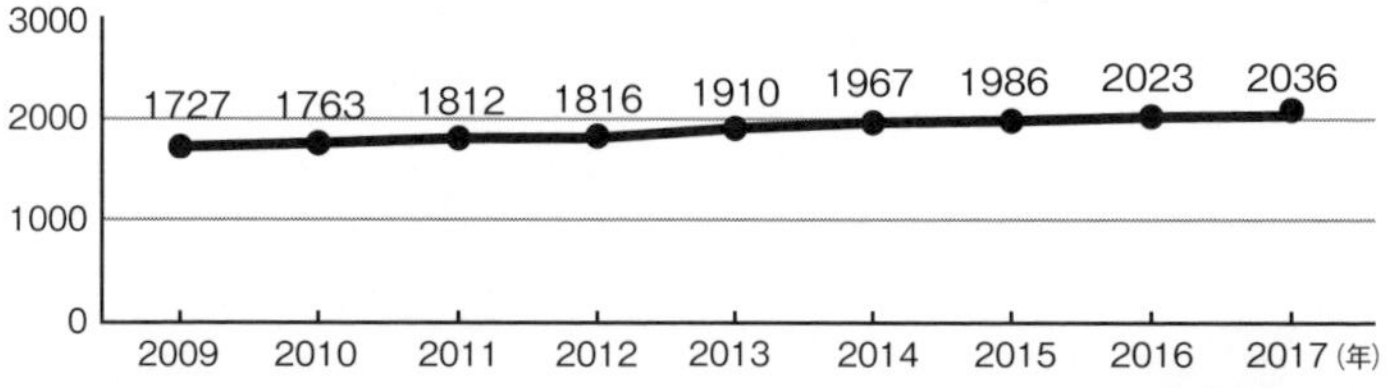
(万人)
3000
2000
1000
0
1727
1763
1812
1816
1910
1967
1986
2023
2036
2009
2010
2011
2012
2013
2014
2015
2016
2017
(年)

（総務省統計局「労働力調査」より）

ど、高学歴化に伴い、キャリアアップを望む人が増えている。非正規でも満足して働ける職場にすれば、女性の力をフルに活用することができるはず。欧米に比べて男女の賃金格差が大きい日本の労働環境改善にもつながると考えられているよ。

高齢者についても、年金支給年齢の引き上げに伴い、定年後も働きたいという人が増えている。「定年前と同じような仕事をしているのに、賃金が下がるのはおかしい」という意見も強くなっている。こうした不満を解消するためにも、同一労働同一賃金の徹底が求められているんだ。

これまでは格差が黙認されていたってこと？

実はこれまでも、待遇差を禁止する規定はあった。でも、具体的な内容に触れていなかったので、労働者側が待遇改善を求めて訴えを起こしたとしても、なかなか認められなかったんだ。ところが、2016年に具体的な方針を示す「同一労働同一賃金ガイドライン案」が発表されてから、裁判ではそれに沿った判決が下されるようになった。つまりすでに、同一労働同一賃金に向かう流れはできていたということ。今回、法律が改正されたことで、企業側は、より厳密に守らなくてはいけなくなるはずだよ。

というわけで、
大企業は2019年4月、
中小企業は2020年4月から
施行されます！

何が変わるの?

基本給、昇給の不合理な格差をなくす

Q 正社員もパートさんも、給料は同じにしなければならないの?

A 給料を決める「算定条件」に注目。違いがなければ、給料も同じです。

給与とは、基本給・各種手当・割増賃金などの合計額。このうち基本給は、年齢・勤続年数・業務内容・職業能力・業績などによって算定されるのが一般的です。

同一労働同一賃金では、基本給の算定条件を、雇用形態にかかわらず同一にすることとしています。違いがあれば、その違いに応じた額でなければなりません。

昇給についても同じ。成果で算

基本給や昇給は同じ算定条件で決める

基本給や昇給の算定条件は、会社によって異なる。以下のようなものが一般的。

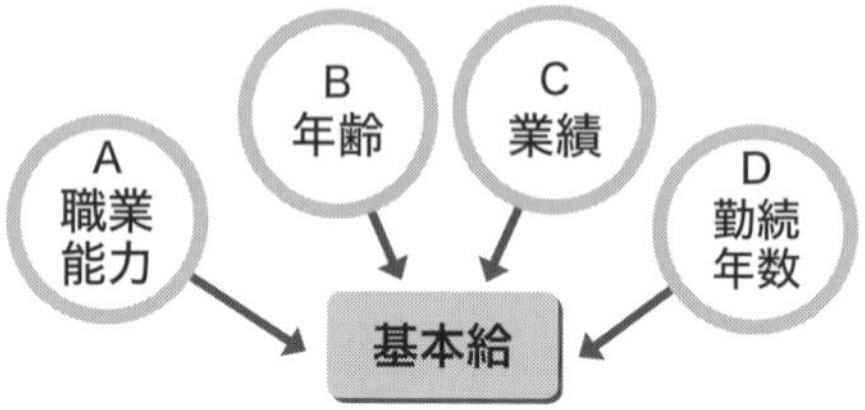
A
職業能力
B
年齢
C
業績
D
勤続年数
基本給

ABCDが	ABCDに
同一	**違いがある**
▼	▼
同一支給	**相違に応じた支給**
同等の職務能力などを持つなら同一水準に、年齢や勤続年数に応じる場合も同一基準で算定。	算定条件が異なり、キャリアプランや責任の重さなどが違う場合、それに応じた格差はOK。

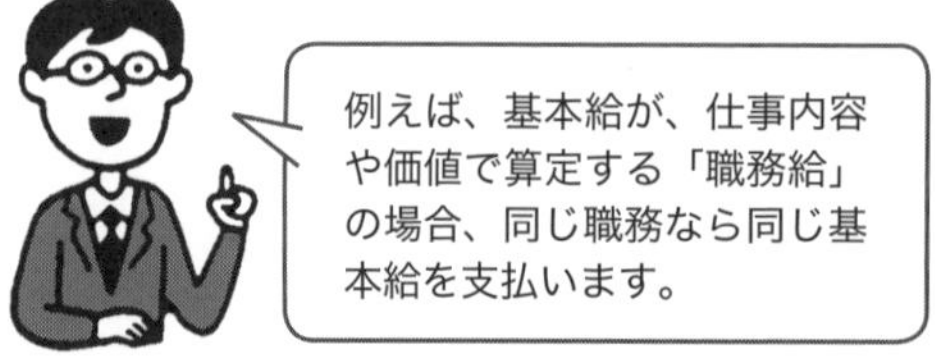
例えば、基本給が、仕事内容や価値で算定する「職務給」の場合、同じ職務なら同じ基本給を支払います。

CASE_❶

「職能給」を採用している会社で、職業能力に違いがあるので基本給も異なる

Ａ社では基本給について、職業能力に応じて決める「職能給」を採用し、ある職業能力を習得するキャリアコースを設けている。このキャリアコースで職業能力を習得したＢさん（正社員）と、習得していないＣさん（パートタイマー）とでは、基本給が異なる。

Ａ社は、ＢさんとＣさんの基本給を、雇用形態ではなく「職業能力」の違いによって決めている。結果として、ＢさんとＣさんの基本給に格差が生じるのは違法ではない。

CASE_❷

「勤続給」を採用している会社で、正規と非正規で勤続年数の数え方が異なる

Ｄ社では基本給について、「勤続による職業能力向上」に応じて決めている。Ｅさん（有期契約社員）に対して、勤続年数を当初の雇用契約開始時から通算せず、その時点での契約期間のみで計算。結果として、同等の勤続年数・職業能力であるＦさん（正社員）と基本給が異なる。

基本給の算定条件として「勤続年数」がある場合、その数え方も同一基準にしなければならない。このケースでは、ＥさんとＦさんとで数え方が異なるため違法となる。

定しているなら達成基準などの計算式を、勤続年数に応じているなら年数の数え方を同一にします。

雇用形態によって合理的に説明できない格差があると、違法となります。何が合理的で何が不合理かの基準は、「同一労働同一賃金ガイドライン案」が参考になります。法的拘束力はありませんが、今後、国会での審議などを踏まえ、さらに詳細なガイドラインが決定される見通しです。

｜キーワード

均等・均衡待遇とはどのような状態を指す？

同一労働同一賃金では「雇用形態にかかわらない均等・均衡待遇」がキーワード。均等待遇は「前提が同じなら同じ待遇」、均衡待遇は「前提が違うなら違いに応じた待遇」を指します。

何が変わるの？

通勤に食事。各種手当も同様に支払う

Q すべての手当を、同じ金額にしなければならないの？

A 手当の理由に違いがなければ、同一額&同一割増率で支払います。

各種手当は同一額、割増賃金は同一割増率で

多くの会社で設定している諸手当のほとんどは、雇用形態によって差をつけてはいけない。

〈各種手当〉

- 通勤手当
- 皆勤手当
- 役職手当
- 食事手当
- 単身赴任手当
- 危険勤務手当
- 無事故手当
- 扶養手当

など

↓

同一の支給

〈割増賃金〉

- 時間外手当
- 休日手当
- 深夜手当

など

↓

同一の割増率で支給

時間外労働をさせた場合、種類ごとに労働時間を計算し、法定の「割増率」を掛けて「手当」として支払う。この割増率は、雇用形態にかかわらず同じ。

各種手当については、どう考えればよいのでしょうか。

手当は、企業が規定に応じて定めることができるもので、上記のようにさまざまな種類があります。

同一労働同一賃金の原則では、「雇用形態によって不合理な格差があってはならない」としており、各種手当についても、同一が基本です。

なかでも時間外手当や休日・深

ほとんどの手当の格差が違法！

ハマキョウレックス訴訟判決

契約社員の運転手が、正社員に支給されている手当の支払いを会社に求めた訴訟。

手当	正社員	契約社員	最高裁の判断	最高裁判断
住宅手当	あり	なし	正社員は転居を伴う配転が予定される。契約社員よりも住宅に要する費用が多額となり得る。	○
無事故手当	あり	なし	優良ドライバー育成や顧客の信頼獲得が目的。安全運転や事故防止の必要性は、両者で差異はない。	×
作業手当	あり	なし	作業そのものを評価して支給される手当だが、正社員と契約社員で職務内容に違いはない。	×
給食手当	あり	なし	勤務時間中に食事をする従業員に対して支給されるもの。正社員も契約社員も条件は同じ。	×
皆勤手当	あり	なし	皆勤を奨励するという意味では、職務内容によって両者の間に差異が生じるものではない。	×
通勤手当	あり	あるが低い基準	労働契約に期間の定めがあるか否かによって、通勤にかかる費用が異なるものではない。	×

夜手当などは法定賃金であり、割増率は同一でなければなりません。また通勤手当や食事手当についても、待遇差は認められていません。

手当で待遇差が認められるのは、合理的な違いがある場合に限られます。ただし、「将来の役割期待が異なる」というだけでは足りず、貢献や責任の違いなどを明確にしなければなりません。賞与についても同じです。

■企業は今後の判決に注目を

ひとつの基準として参考になるのが、「ハマキョウレックス」訴訟の判決です。上記のように、最高裁はほとんどの手当について、待遇差を違法としました。

今後はこうした判決が新たな基準になっていきます。

何が変わるの?

福利厚生施設の使用や教育訓練の機会も同一

Q 正社員でなくても社員食堂や社宅が利用できるの?

A 利用や付与の要件が同じであれば、利用することができます。

雇用形態にかかわらず同一に利用させる

ケースごとに必要な条件がある。満たしていれば、雇用形態にかかわらず利用や付与を認める。

事業場の施設、社宅について

○ **福利厚生施設**

(食堂、休憩室、更衣室など)の利用
→ **同一** (同じ事業場で働く場合)

○ **転勤者用社宅**→ **同一**

(転勤の有無や扶養家族の有無、住宅の賃貸、収入などの「支給要件」が同じ場合)

A社の社員食堂では、Bさん(正社員)は社員証の提示によって割引価格で食事ができるが、Bさんと同じ時間帯で働くCさん(契約社員)は定価でしか食事できない。

同一労働同一賃金の基本方針は、福利厚生にも適用されます。具体的なケースで見ていきましょう。

食堂や休憩室、更衣室などの施設は、同じ事業場で働く従業員には同一の利用を認めなくてはなりません。ただし勤務が午前のみのパートタイマーなら、食堂が利用できなくても問題にはなりません。

また、転勤の有無など同一要件を満たす場合には、転勤者用社宅

休暇・休職について

○ **慶弔休暇、健康診断に伴う勤務免除・有休保障→ 同一**

○ **病気休職→ 同一**

○ **法定外年休・休暇（慶弔休暇を除く）**
→ **同一**（勤続期間に応じて認めている場合）
※有期労働契約の場合、「当初の契約期間から通算した期間」を勤続期間と算定する

Ｄ社では、慶弔休暇について、週２日勤務のＥさん（パートタイマー）に対しては勤務日の振替での対応を基本とし、振替ができない場合のみ与える。

その他の待遇について

○ **教育訓練の実施→ 同一**

正規社員と非正規社員とで職務内容や責任に違いがあれば、違いに応じて実施する。

○ **安全管理に関する措置・給付→ 同一**

正規社員と非正規社員が「同じ業務環境」におかれている場合は、同一に支給する。

Ｆ店では、Ｇさん（正社員）は販売と経理を、Ｈさん（パートタイマー）は販売のみ担当する。経理業務に関する教育訓練を、Ｇさんのみに受けさせる。

も同一に支給する必要があります。

慶弔休暇や健康診断に伴う勤務免除・有休保障、病気休職・法定外年休についても基本は同一です。

ただし、例えば週２日勤務のパートタイマーの慶弔休暇は勤務日振替を基本とし、振替が困難な場合に限り休暇を付与するという対応は、問題ありません。

■教育訓練も同一実施が原則

さらに、現在の職務に必要な技能・知識を習得するための教育訓練の実施や、安全管理に関する措置・給付も、雇用形態にかかわらず同一実施が基本です。

ただし、同じ職場であっても職務の内容や責任に違いがある場合には、その違いに応じた教育訓練の実施を行うこととされています。

何が変わるの?

派遣社員は派遣先の社員と同一待遇

Q 派遣社員の賃金を決めるのは派遣元。派遣先は関係ないのでは?

A 自社の社員の待遇について、情報を提供する義務を負います。

派遣元と派遣先が連携し派遣社員の待遇に配慮する

派遣社員の待遇を派遣先の社員と同一にするためには、派遣先からの情報提供が欠かせない。

〈派遣元〉

派遣先から提供された情報に基づいて、派遣先の社員と派遣社員の待遇が同一となるように賃金を決定。

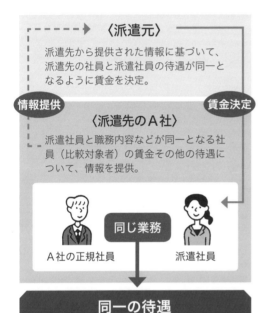

情報提供

賃金決定

〈派遣先のA社〉

派遣社員と職務内容などが同一となる社員（比較対象者）の賃金その他の待遇について、情報を提供。

A社の正規社員

同じ業務

派遣社員

同一の待遇

（賃金、福利厚生施設の利用、教育訓練の実施など）

派遣社員と、期間の定めのない正規社員の格差については、これまでも一定の規制がありましたが、あくまで「努力・配慮義務」レベルでした。今回の法改正では、規制が義務化されているのが特徴です。

改正された派遣法では、派遣社員についての均等・均衡待遇を求めています。つまり、職務内容などの条件が同じ場合は同一の、違

派遣社員が望むなら適用が除外される

派遣社員の「同一労働同一賃金」は、すべての派遣社員に強制的に適用されるものではない。

頻繁に派遣先が変わるケースでは労使ともに負担が大きくなる場合も

派遣先によって待遇が変わるとなると、収入が安定しない場合がある。派遣元にとっても、その都度待遇を見直さなければならず、煩雑というデメリットがある。

労使協定を結べば、協定で定められた対象者に限り、適用を除外できる

労使協定の協定事項

1. 本協定の対象となる派遣労働者の範囲
2. 1.の派遣労働者の賃金の決定方法(イ及びロに該当する者に限る)
   (イ) 派遣労働者の従事する業務と同種の業務に従事する一般の労働者の平均的な賃金の額として厚生労働省令で定めるものと同等以上の賃金の額となるものであること
   (ロ) 派遣労働者の職務の内容、職務の成果、意欲、能力又は経験その他の就業の実態に関する事項の向上があった場合に賃金が改善されるものであること
3. 職務の内容、職務の成果、意欲、能力又は経験その他の就業の実態に関する事項を公正に評価し、その賃金を決定すること
4. 賃金以外の待遇の決定方法
5. 労働者派遣法30条の2の1項に基づく段階的な教育訓練の実施
6. その他省令で定める事項

う場合は違いに応じた待遇が求められます。

福利厚生や教育訓練の実施も含まれ、派遣社員は、派遣先の正規社員やパートタイマーとほぼ同じ待遇が適用されます。

■不利な状況は労使協定で回避

派遣先には、派遣元が派遣社員の待遇を確認できるよう、職務内容や責任などが同一の正規社員の情報提供が義務づけられ、派遣元はそれをもとに賃金を決めます。

また、同一労働同一賃金を適用すると、派遣先によっては派遣社員の待遇が下がってしまうこともあります。このため、派遣社員が望めば、労使協定によって同一労働同一賃金の適用除外ができる規定も盛り込まれました。

■▸ 労使協定：労働者の過半数で組織する労働組合、労働組合がないときは労働者の過半数を代表する者との書面による協定。

何が変わるの？

定年後も定年前と同じ待遇に？

Q 定年前後で賃金が変えられないということですか？

A 仕事の内容が同じなら、賃金格差は認められない可能性があります。

高年齢者雇用確保措置により、企業は社員に65歳まで雇用機会を与えることが義務づけられています（P124参照）。多くの企業は定年退職後、新たな契約によって雇い入れる「再雇用制度」を利用しています。

この制度の格差を訴えたのが「長澤運輸訴訟」。定年後再雇用後の賃金減額は不当という訴えに対し、司法は「定年後再雇用」は労

シニアの働き方で一般的な再雇用制度の仕組みとは

労働条件を変更できるのがメリットだが、従業員にとっては不利益となる場合もある。

定年前と
同じような
仕事なのに…
非正規
定年
正規

待遇がダウン！

労働時間や職務の変更に伴って、賃金も低下。多くの場合、退職前より待遇が下がる。

正規社員の待遇

勤続年数や職業能力に応じて、比較的高水準（賃金や賞与など）となっている場合が多い。

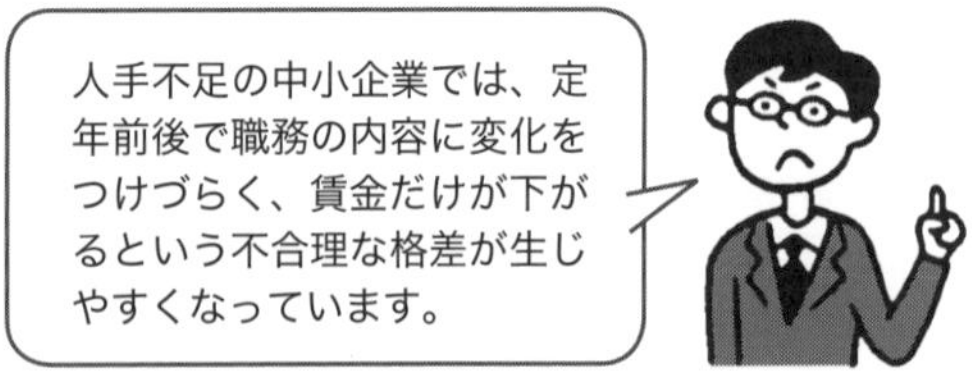
人手不足の中小企業では、定年前後で職務の内容に変化をつけづらく、賃金だけが下がるという不合理な格差が生じやすくなっています。

待遇差について個別に判断

長澤運輸訴訟判決

定年後再雇用された嘱託社員が定年前と同じ仕事なのに賃金減額は不当と訴えたもの。

能率給及び職務給の支給がない	補完的に歩合給が支給されているため、不合理とは言えない。	OK
精勤手当が出ない	職務内容が同一なら、精勤を奨励する趣旨は正規社員と変わらない。	NG
住宅手当及び家族手当がない	身分（正規社員）に対する福利厚生などの趣旨で支給されるもの。	OK
役職手当がない	正規社員の中の一定の役職に就く者に支給されるものである。	OK
時間外手当が正規社員の超過勤務手当と異なる	時間外手当の計算の基礎に精勤手当を含めることで不合理は改善。	NG
賞与が支給されない	退職金や、年金支給までの調整給も受け取っていることなど。	OK

働法20条に示された「その他の事情」にあたるとして、多くの格差を合法としました。

ただし、判決は支給項目ごとに個別の判断を下しているため、今後は同様の裁判でも、個別事情や裁判官によって異なる判決となる可能性もあります。

■定年前と同じなら同一が基本

また今回の法改正により、要件を満たせば定年後再雇用もパートタイム労働法に含まれることになり、均等待遇（P25参照）が基本となりました。このため、職務の内容や配置の変更範囲（転勤など）が変わらなければ、同一の待遇が求められると考えられます。職務や職場が限られる中小企業では、早急な対応が必要です。

何が変わるの?

待遇について説明する義務がある

Q 雇い入れ時に説明しておけば問題ありませんか?

A 雇い入れ後も、待遇差について説明が必要になることがあります。

これまで非正規社員に対して待遇の説明義務はなかった

すべての非正規社員に対して、待遇や待遇差について説明しなければならないことになった。

〈改正前〉

	有期雇用者	派遣社員	パートタイマー

待遇についての説明	なし	あり	
待遇差についての説明	なし		

すべて「あり」に

パートタイム労働法に基づいて行われていた説明義務（差別的取り扱いの禁止や賃金制度など）に、〝不合理な待遇の禁止〟についての説明義務が加わった。

これまで企業にはパートタイマー、派遣社員、有期雇用者への待遇差説明の義務はなく、有期雇用者に対しては待遇の説明さえ義務づけられていませんでした。

今回の改正では、労働契約法の一部の規定をパートタイム労働法に移して「短時間労働者及び有期雇用労働者の雇用管理の改善等に関する法律」となり、有期雇用者にもパートタイマーと同じ法律が

雇い入れ時に説明しなければならないこと

◯ 不合理な待遇の禁止について

正規社員との不合理な相違は設けないこと、そのために定期的に社内で検討する機会を設けていることなど。

◯ 賃金、福利厚生施設、教育訓練、通常の労働者への転換 など

それぞれにおいて、均等・均衡に配慮していることと、その具体的な内容について説明する。

トラブルを避けるためにも書面で。項目ごとに説明した文書を「確認書」として作成し、従業員からサインをもらっておくと安心です。

雇い入れ後に説明しなければならないこと（従業員から求められた場合）

回答時期は定められていないため、その場で説明できなくても問題ありません。社内で意思統一をしたうえで、速やかに回答します。

◯ 正規社員との待遇差の根拠

通常の従業員（正規社員）との待遇差の内容及び理由まで説明しなければならない。合理的に説明できるよう準備を。


例）正規社員と非正規社員で、賃金体系が違うのはなぜ？

例）一部の社内研修が、正規社員しか受講できないのはなぜ？


適用されることとなりました。

　このため改正後は、パートタイマー、派遣社員、有期雇用者のいずれに対しても、雇い入れ時に待遇の説明が義務づけられます。

　また雇い入れ後にも、求められれば、正社員との待遇差の理由を説明する義務を負うことになりました。

■待遇差説明の準備をしておく

　説明は口頭、書面どちらでも構いませんが、労使間の認識相違によるトラブルを生まないためにも、書面にし、雇用契約時に説明することが望ましいでしょう。

　雇用後に待遇差などをめぐり訴訟になった際には、従業員も企業も、ともに立証責任を負うことになります。

何が変わるの?

従業員が格差是正を訴えやすくなる

Q えっ！　裁判で訴えられやすくなるということ？

A 裁判のほか、行政が間に入る紛争解決方法も整備されます。

従業員が無料で利用できる裁判外紛争解決手段

従業員からの申し立てであっせんが始まる。企業は参加義務はないが、誠実に対応すべき。

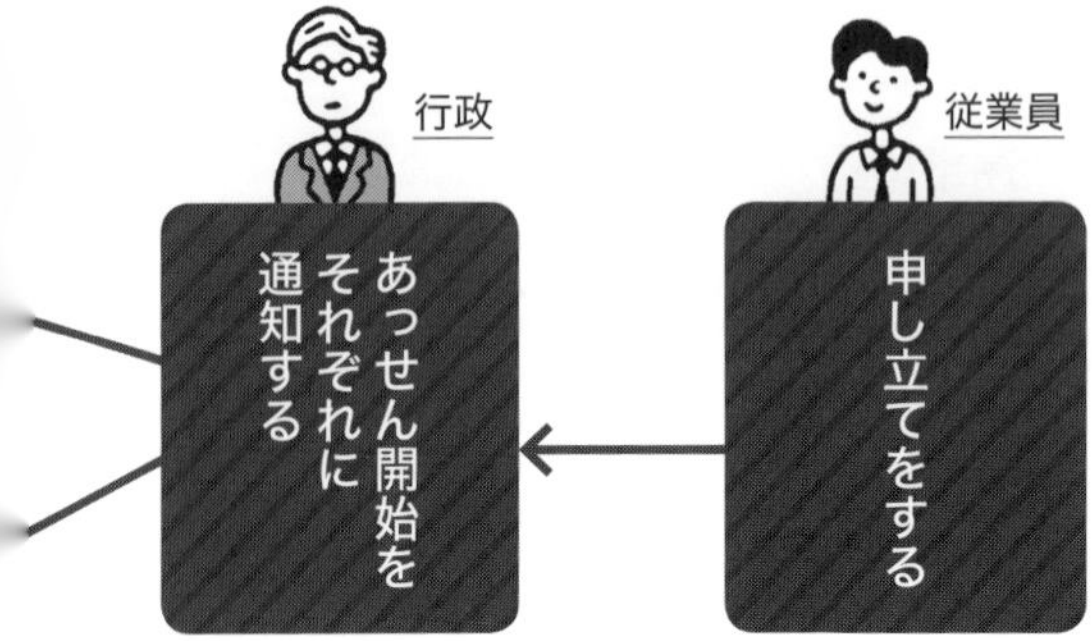

格差是正を求める従業員が、行政に申し立てをする。

申し立てを受け、あっせんの開始を労使双方に通知する。

行政ADRの従業員側のメリット

- 解決にかかる時間が少なく、手続きが簡便
- 利用前に進め方を確認できる
- 時効中断が認められることもある

均等・均衡待遇についての規制が設けられたことで、従業員は格差是正を求める訴訟が起こしやすくなりました。政府は、今後多くの判例が出されて新たな基準となり、法律が整備されていくことを期待しています。

とはいえ従業員にとって、裁判は時間もお金も大きな負担です。このため法改正では、無料で利用できる裁判外紛争解決手段（行政

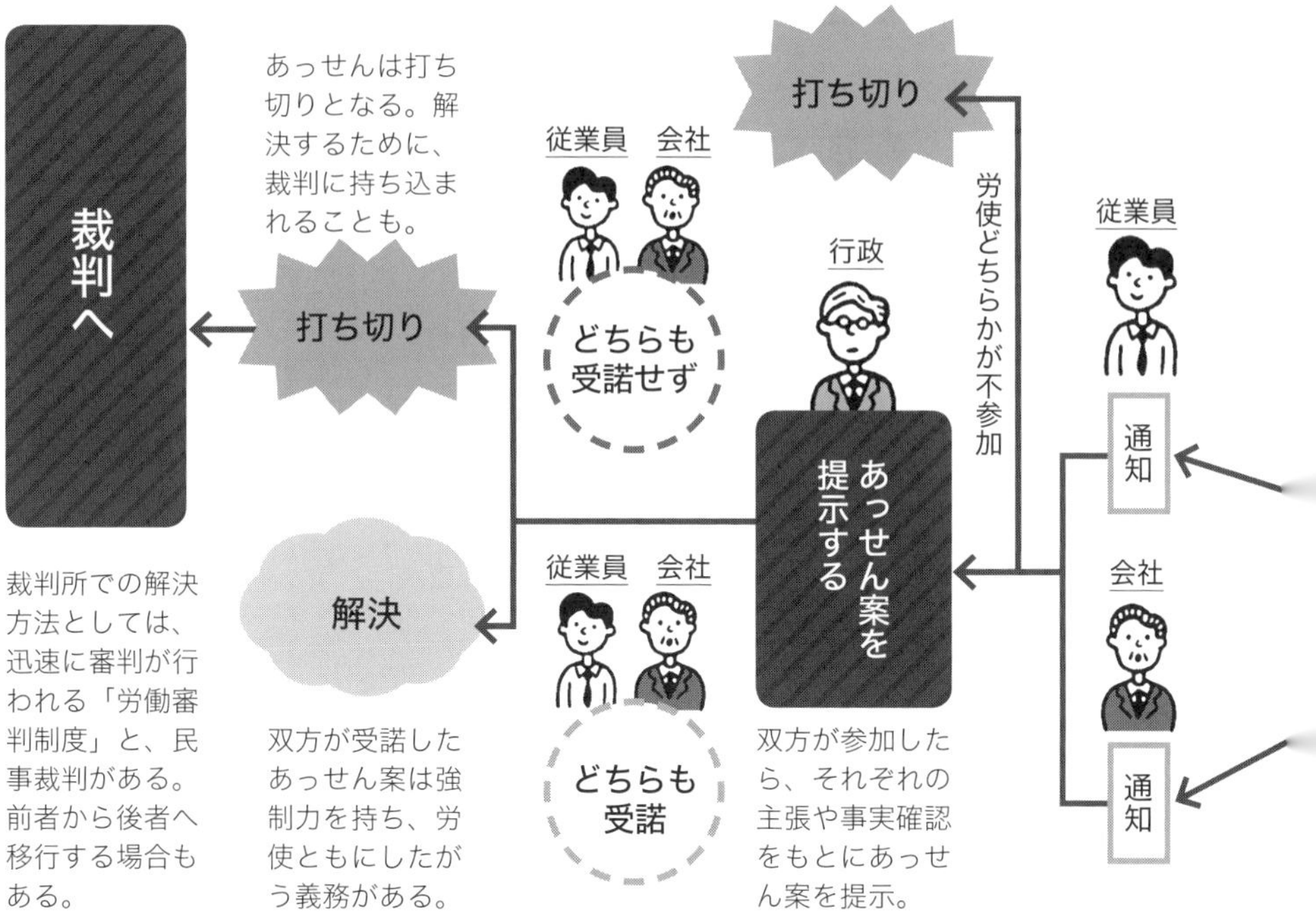

行政ADRの従業員側のデメリット

- 双方の参加が必要
- どちらかが途中で不参加を表明した場合、一方的に終わってしまう可能性がある
- 助言や指導には強制力がない

ＡＤＲ）が整備されます。

　ＡＤＲとは、裁判によらない解決手段で、中立的な第三者が当事者同士を仲介する方法。行政ＡＤＲでは、従業員と企業の間に都道府県労働局の紛争調整委員会など行政機関が入り、両者の意見を聞いてあっせん案を提示します。

■行政ＡＤＲでダメなら裁判所へ

　行政ＡＤＲは、裁判に比べ手続きも簡便で費用もかからないので利用しやすいメリットがあります。一方で、あっせんへの参加やあっせんされた助言・指導には拘束力がないため、解決に結びつかない場合もあります。

　行政ＡＤＲでも解決できないときは、裁判所に持ち込まれることになります。

会社はどうする?

雇用形態と就業規則の見直しが出発点

Q 厚生労働省が公表する〝就業規則モデル〟を、そのまま使っていい?

A 自社の雇用状況に合ったものを、きちんと作成する必要があります。

改正法の施行は２０１９年以降段階的に行われていきますが、企業がしておくべき準備は山ほどあり、対策は待ったなしです。

まず、すべての従業員の雇用形態を把握するところから始めましょう。正規・非正規と大枠ではなく、フルタイム・パートタイム、無期・有期など、上記のように労働時間と雇用期間を軸に雇用形態を細分化します。

今雇っている従業員の雇用形態を把握しよう

現在雇用している従業員に加えて、今後採用する予定がある雇用形態も把握しておこう。

	無期雇用	有期雇用
フルタイム	Ⓐ正社員　Ⓑ限定正社員など	Ⓒ契約社員など
パートタイム	Ⓓパートタイマー(無期)	Ⓔパートタイマー(有期)

フリーランス、業務委託など ｜ 派遣社員

パートタイマーは一括りにしがちですが、有期か無期かで細分化して考えましょう。

雇用形態ごとに就業規則を作成・改変する

作成・改変後は、労働基準監督署に届け出なければ有効とならないので注意（P116参照）。

◎必ず記載する事項

- 所定労働時間、休憩時間、休日、休暇。シフト制勤務の場合は、その交替などについて。
- 賃金（臨時のものを除く）、賃金の計算・支払い方法、締め日、支払日、昇給について。
- 退職や解雇について（退職の申し出日、定年制の有無と年齢、解雇事由など）。

◎制度がある場合に記載する事項

- 退職金
- 臨時の賃金（賞与など）
- 最低賃金
- 食費、作業費の負担について
- 安全衛生について（健康診断、安全衛生教育の内容など）
- 研修、職業訓練について
- 災害補償、業務外の傷病についての上積み補償など
- 表彰に関する事項
- 懲戒に関する事項（懲戒事由、懲戒処分の内容など）
- その他、従業員すべてに適用される定めをする場合は、それに関する事項

次に、形態に応じた就業規則の見直しです。

従業員が常時10人以上いる企業には就業規則の設置が義務づけられていますが、実際には備えていない会社も多いようです。たとえ作成していても、ひな型をそのまま使っていたり、10年以上も改訂していないなど、現状に即していないケースもあるので注意が必要です。

自社で採用する雇用形態に適応する就業規則を整えます。

■人材確保のため今すぐ準備を

一見面倒に思える作業ですが、人材はビジネスの根幹。今回の法改正を機に、他社に先がけて雇用の基盤を整え、有能な人材を確保するつもりで取り組みましょう。

会社はどうする?

職務内容を差別化して遵守する

Q 手の空いたパートさんに、正社員と同じ仕事を任せることも……。

A 職務内容の違いを説明しづらく、トラブルのもとになりますよ。

業務の内容を振り分けたり、裁量の幅を持たせる

雇用形態ごとに担当する職務を細かく分けることで、待遇差に合理性を持たせる。

人手が不足しがちな会社では、目の前の仕事を手の空いた人に割り振ることもある。雇用形態間の待遇格差が問題となってしまうため、これからはNG。

雇用状況を把握したら、次は職務の棚卸し。現在、どんな職務があるのかを細分化していきます。

日本では、一人ひとりの職務が明確でない職場も多く、正規・非正規の社員が同じ仕事をしていることも珍しくありません。このような場合、今後は同一労働同一賃金の原則により、同じ待遇が基本となります。

そこで企業では、正社員と非正

業務を分ける

非正規社員
【担当業務】
・電話の取り次ぎ
・来客対応
正規社員
【担当業務】
・電話相手、来客への具体的な対応

業務を分けるときは、それぞれの担当範囲が重複しないようにして明確に分ける。例えば、電話を取るのは非正規社員だが、実際に対応をするのは正社員に担当させるなど。

同じ業務でも幅を持たせる

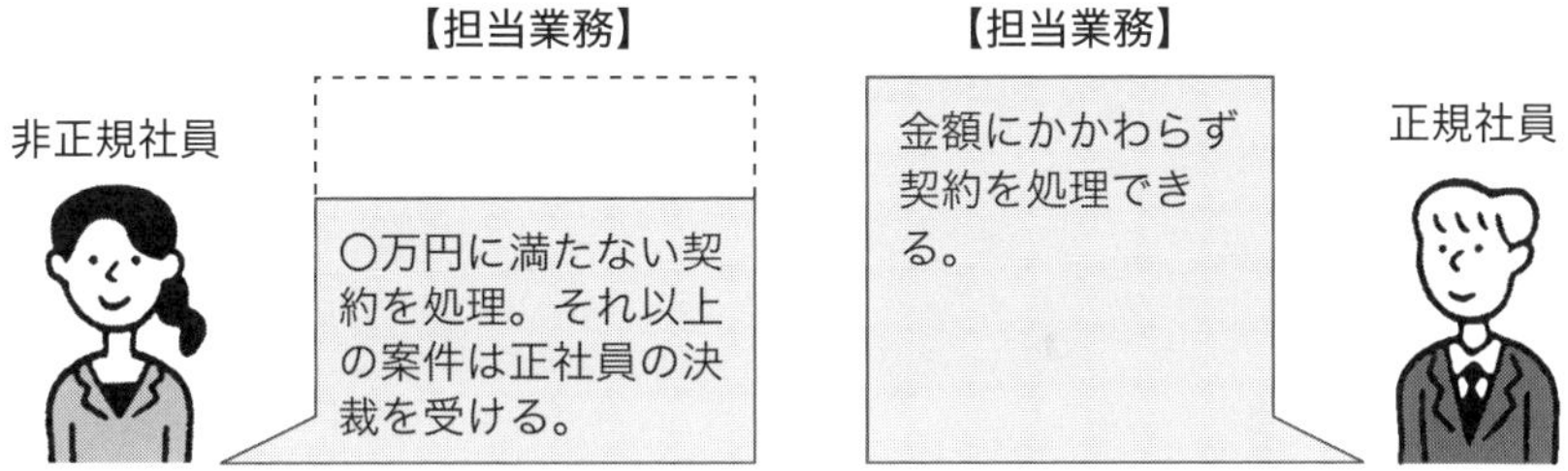
【担当業務】
非正規社員
○万円に満たない契約を処理。それ以上の案件は正社員の決裁を受ける。
【担当業務】
金額にかかわらず契約を処理できる。
正規社員

職務の内容が同じ場合でも、範囲や責任に差があれば、待遇差も合理的。ただし、業務を分ける場合と同様、明確に範囲を決めて、必ず守らせることが大切。

規社員との差別化を図るため、職務内容などの違いを明らかにする必要があるのです。

同一労働同一賃金ガイドライン案では、職務が同じでも責任の範囲や勤務条件が異なれば、待遇差は認められるとしています。例えば「取引額が○万円以上の場合は正社員が決裁する」とか、「休日労働は正社員のみ」などの違いがあれば、待遇に差があっても問題ありません。

■無期転換ルールにも注意

今後は、無期転換ルール（Ｐ46参照）によって、原則として有期雇用は無期雇用に転換されることになり、継続して派遣を依頼する場合、新たな書類が必要になります。

会社はどうする？

裁判例などをもとに賃金体系を整備

Q 正規も非正規も、同じ賃金体系にしなければならないということ？

A 「違う理由」を合理的に説明できれば、同じでなくても問題ありません。

違いがある理由について しっかり説明できるようにしておく

雇用形態の違いはもちろん、曖昧な理由では待遇格差は認められず、従業員も納得できない。

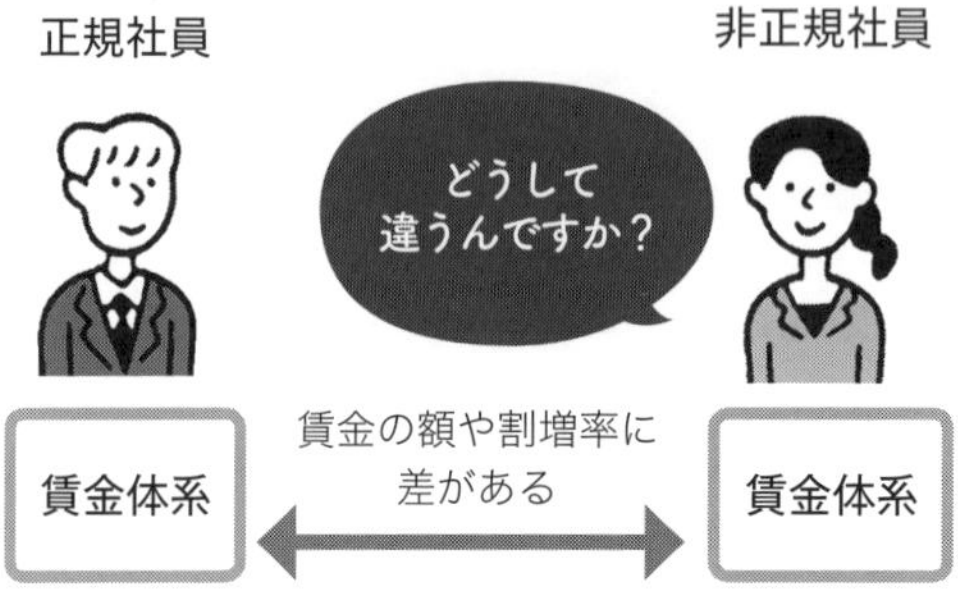

正規社員
非正規社員
どうして違うんですか？
賃金体系
賃金の額や割増率に差がある
賃金体系

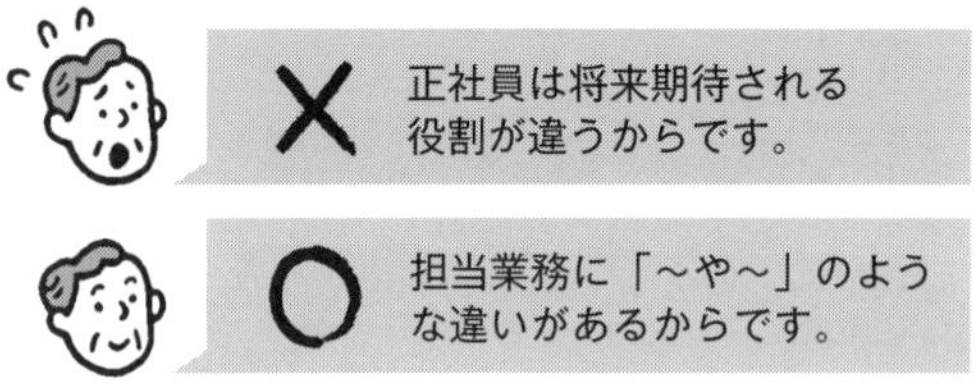

✕ 正社員は将来期待される役割が違うからです。
○ 担当業務に「～や～」のような違いがあるからです。

待遇差の根拠は、なるべく具体的かつ合理的なものであることが望ましい。よく言われる「将来の期待値」は、曖昧すぎて適当ではない。

職務の細分化と権限の見直しを図るとき、並行して考えなくてはならないのが賃金体系です。

今後企業は、従業員の求めに応じ、待遇差を説明する義務を負います（P34参照）。このため賃金制度の見直しの際、従業員に納得のいく説明ができるようにしておくことが重要なのです。

ポイントは、同一労働同一賃金ガイドライン案と、これまでの判

問題となる例、ならない例を裁判例とガイドライン案から考える

合理性を確認する際は、これまでの裁判例と同一労働同一賃金ガイドライン案を参考にする。

裁判例

・日本郵便事件
・ハマキョウレックス事件（P27参照）
・長澤運輸事件（P33参照）
・ニヤクコーポレーション事件
など

待遇格差について争った裁判は、本書で紹介するもの以外にも、日本郵便事件やニヤクコーポレーション事件などがあり、今後も増える見込み。

＋

ガイドライン案

〈掲載のある項目〉
・基本給　・賞与　・職務手当
・その他の典型的な手当
（特殊作業手当／特殊勤務手当／精皆勤手当／時間外、深夜、休日労働手当／通勤手当、出張旅費／食事手当／単身赴任手当／地域手当）

一般的な会社で想定されるものについて一通り例を交えて解説されているが、法案成立を受け、より詳細なガイドライン案が発表される見通し。

自社で採用する賃金体系を再設計する！

例の結果を参考にすること。とくに今後、訴訟で出される司法判断が新たな基準となると考えられるので、判例には要注目です。

ちなみに非正規の待遇改善のため正社員の賃金を下げるのはＮＧ。格差解消という理由では従業員の不利益変更は認められないうえ、待遇改善という法改正の趣旨にも反します。従業員の不信を招いて離職につながらないよう、誠意ある対応が求められます。

| アドバイス

コストを抑えるには助成金の活用も検討

自社が雇う非正規社員について、企業内でのキャリアアップに取り組んだ場合に支給される助成金（キャリアアップ助成金）もある。要件や手続きを確認し、該当する場合は活用を。

会社はどうする?

派遣先と派遣元でそれぞれ対応が必要

Q 正社員の給料などを外部に知らせるのは気が進みません。

A 情報提供がない場合は、派遣契約を切られてしまうこともありますよ。

派遣社員については派遣先・派遣元双方に注意点があります。

派遣先は派遣元に対し、派遣社員の比較対象となる従業員の賃金、その他待遇に関する情報を提供する義務があります。雇い入れ後に変更があった場合も、速やかに連絡しなければなりません。義務違反には注意が必要です。

派遣元は、社内の従業員と派遣先への対応が必要です。社内につ

派遣社員については派遣先も派遣元も注意点がある

手続きを怠ると、契約解消に発展して派遣社員を雇用できなくなることもあるので注意を。

派遣先企業

派遣社員と同じ業務の正規社員の待遇について情報を提供

派遣社員に従事してもらう業務ごとに、比較対象となる一般の社員（正規社員）の待遇について、賃金などの情報を提供する。

派遣先管理台帳に「労使協定」の対象者か否かを記載

雇い入れる派遣社員が、派遣元と「労使協定」を結ぶ場合（P31 参照）、派遣先管理台帳に、対象者であることを記載する。

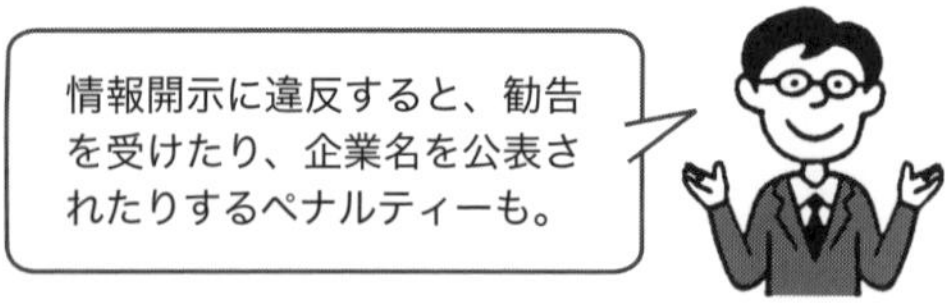
情報開示に違反すると、勧告を受けたり、企業名を公表されたりするペナルティーも。

派遣元企業

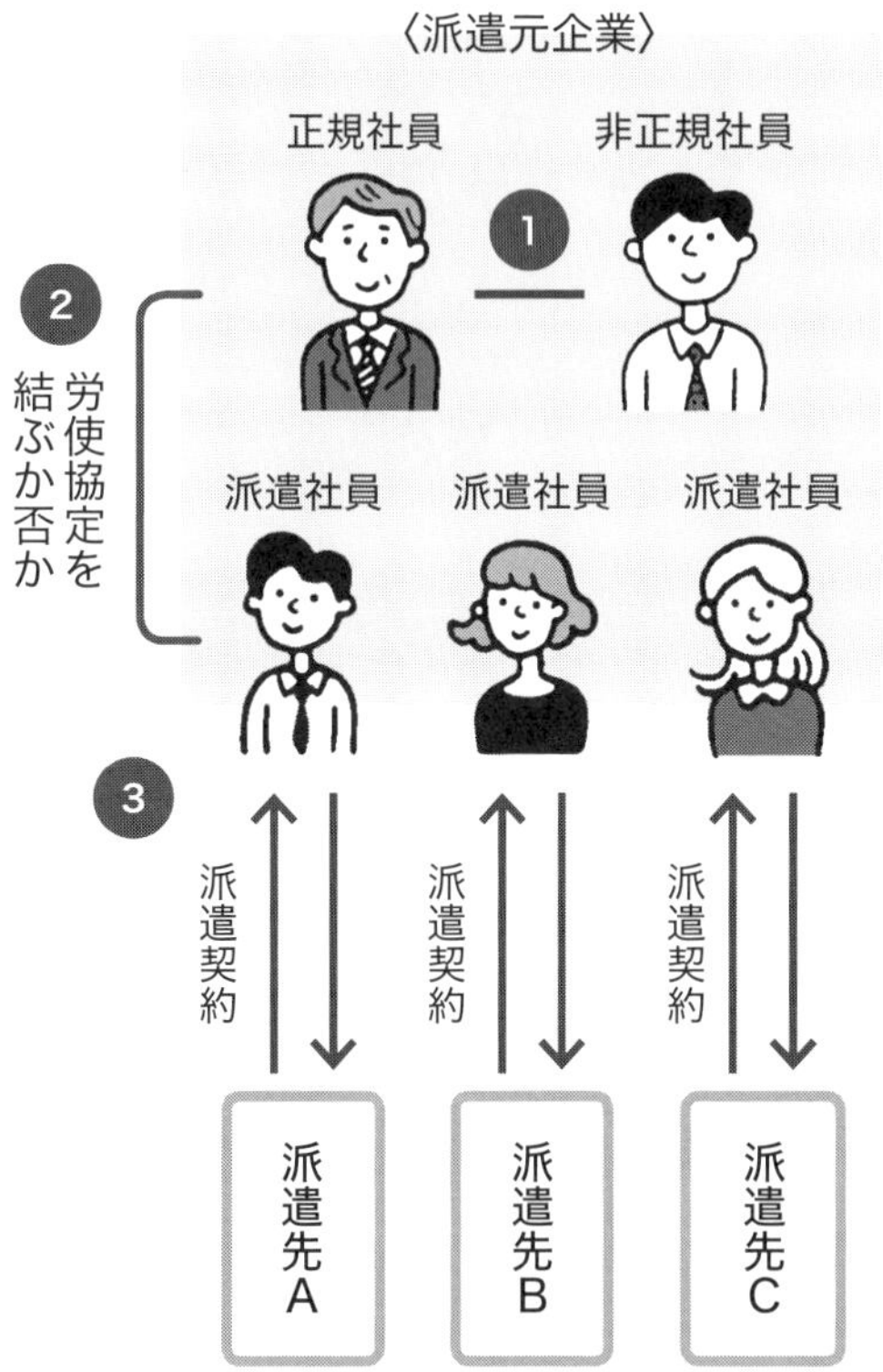

1 自社内で勤務する正規、非正規の待遇を見直す

自社内で勤務する正規・非正規社員の待遇については均等・均衡が求められる。就業規則や賃金体系の整備を行う（P38～43参照）。

2 派遣社員と労使協定を結ぶか否かを検討

ケースによっては、労使協定を結んで同一労働同一賃金の適用除外を行った方がいい場合も（P31参照）。労使協定を結んだ場合は、派遣先へ通知しよう。

3 派遣先との契約内容を見直す

派遣先から情報提供を受けたうえで、これまでの料金を維持するか否かを検討。派遣先企業との契約交渉を行う。

いては、均等・均衡待遇に基づいて、職務内容や賃金体系を見直します（P42参照）。派遣先に対しては、派遣先からの情報をもとに派遣社員の賃金を検討。自社のマージン率を含め、賃金体系を決定します。情報を得られない場合は、契約解消も検討します。

■労使協定の説明や確認も必要

派遣社員は、「労使協定」を結んで同一労働同一賃金の適用除外とすることも可能です（P31参照）。協定を結ぶかどうか、派遣社員の意向を確かめ、派遣先・派遣元双方が台帳に記します。

雇い入れ時には、不合理な待遇差の禁止や労使協定について説明が必要。雇い入れ後も求めに応じて説明できるようにしておきます。

雇い止めが社会問題に!?

「無期転換ルール」は前向きにとらえる

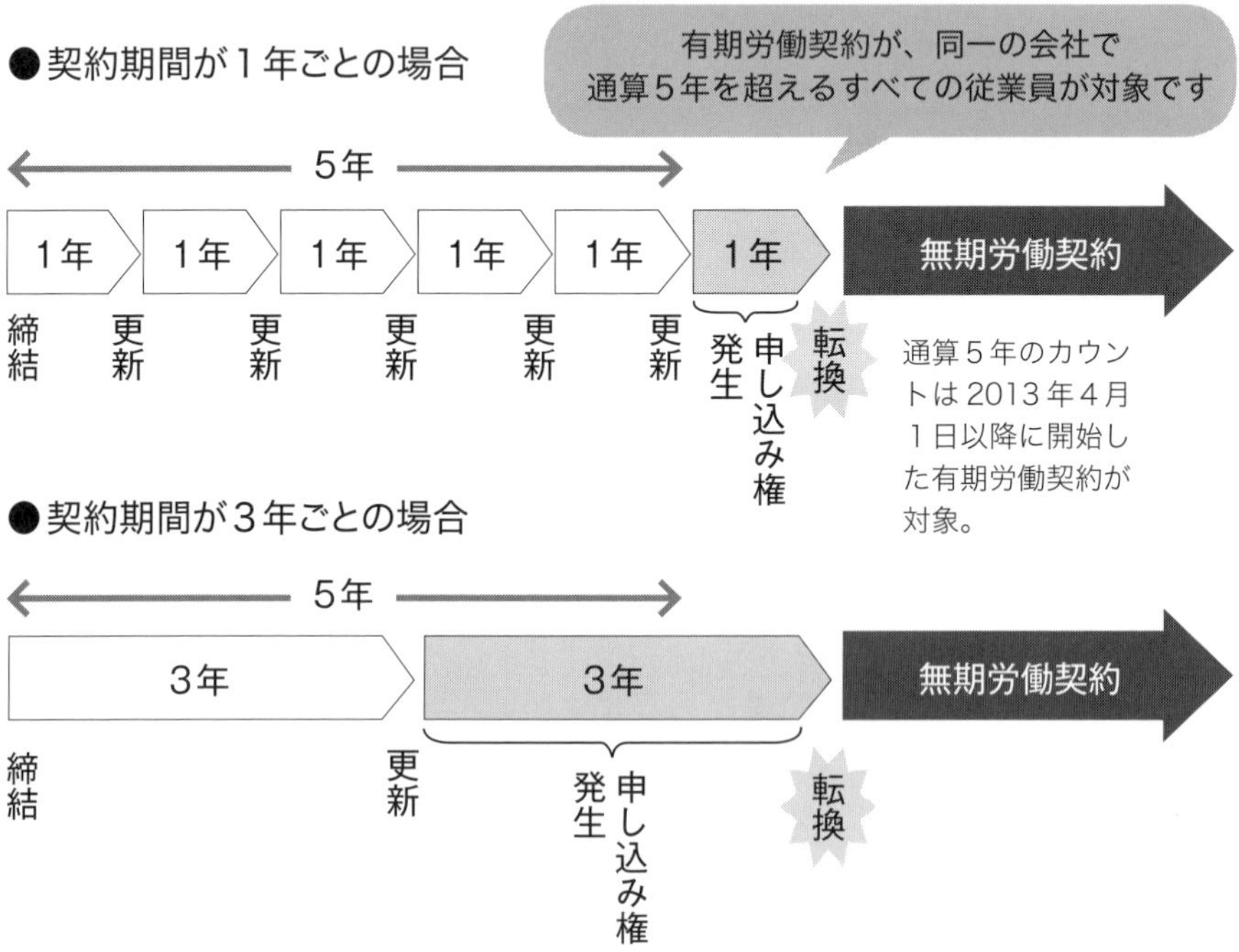

正社員への転換でなく期限のみ無期にする

無期転換ルールは、「有期契約の更新が通算５年を超えると、労働者の申し出により無期契約に転換可能」というもの。申し出られたら、企業は拒否できません。

背景は、有期雇用者の雇用の現状。約３割が通算５年を超えて契約更新していながら、不安定で不合理な労働環境が多いとされるためです。

２０１３年から通算カウントされるため、２０１８年４月には推計約４５０万人が対象に。しかし、有期契約社員への周知が徹底しなかったこ

企業は何をすればいい？

STEP 1　現状を把握し、無期転換を受け入れる手続きを整備する

自社の有期契約社員の更新状況を確認。申し込み権の発生時期を予測すると同時に、申し込み書（法的には口頭でも有効だが、文書を交わすのがお勧め）を整備。契約満了間際に申し込まれて慌てないよう、申し込み期限も規定しておくといい。

STEP 2　転換後に任せる職務内容や処遇について検討

転換前と同じ労働条件のまま雇用し続けるのでは、モチベーションも上がらない。転換後に任せる職務内容や、それを受けた処遇体系を検討する。

STEP 3　無期転換社員の就業規則を見直し、変更する

有期契約時の規定には、そのまま無期になると不都合なものも（定年を定めていない、解雇事由が不十分など）。「別段の定め」として就業規則に設ける。

社員の無期転換に取り組む事業主に向け、下記のような支援策が用意されています。厚生労働省のHPからチェックしてみましょう。

- 有期雇用者の円滑な無期転換のためのパンフレット
- 中小企業に対するコンサルティング
- キャリアアップ助成金
- 職務などを限定した「多様な正社員」に関するモデル就業規則 など

ともあって対策を講じていない企業も多く、直前で慌てて雇い止めをするなどの問題も生じています。

政府は、正当な理由のない雇い止めは認められないという立場を示し、企業には慎重な対応を要請しています。

注意したいのは、無期転換は〝正社員への転換〟ではなく、〝期限のみ無期にする〟ということ。定年や服務規程など就業規則の整備は必要ですが、従業員のモチベーションが上がれば、会社には大きなメリット。大企業では、人手不足解消のため、積極的に無期雇用に転換するところもあります。

今さら聞けない！

無期転換ルールQ&A

「無期転換ルール」導入の際の注意点は？

Q 無期転換されると困ります。何か方法はありませんか。

A 裏技的なものはありません。転換後の待遇について詳しく説明し、従業員に慎重な判断を促しましょう。

無期転換（P46 参照）をさせないための方法は基本的にはありません。ただし、転換後に労働条件を変える場合、職務の範囲が拡大したり責任が重くなるなど、〝長期雇用を前提とした待遇の変化〟を偽りなく説明することで、慎重な判断を促すことはできます。

Q 従業員が知らなければ、対応しなくてもいいのですよね？

A 雇い止めが問題になっていますし、何も伝えないでいては従業員の不信感が募ります。

雇い止めの増加が社会問題になっているうえ、厚生労働省のポータルサイトなどから簡単に情報収集できます。企業側の説明不足が問題視されることもあるため、制度内容や方針を説明する説明会などを設けるべきです。

Q　無期転換後の労働条件を厳しくすれば、誰も希望しないのでは？

A　合理的な理由がないのに従業員にとって不利益な変更をするとトラブルのもとです。

無期転換させたくないからと、転換後の労働条件を厳しいものに設定しようとするケースもありますが、一方的な不利益変更は認められません。無期転換者用の就業規則で新しく設定した場合も、合理性が厳しく問われます。

Q　正当な理由や手続きによる「雇い止め」は認められるはずですよね？

A　はい。ただし裁判になったとき、従業員に更新を期待させるようなケースでは無効とされることがあります。

雇い止めは正当な方法ですが、契約が何回も更新されていて事実上無期契約とみなされているような場合や、契約更新が期待されるような理由があった場合（更新を匂わせる言動があったなど）は、認められないことがあります。

Q　派遣社員についての無期転換ルールはどのように実施されますか？

A　派遣元との間で同様に適用されます。派遣先も、雇用形態について確認しておくことが必要になります。

派遣社員の無期転換は、派遣元との間で適用されます。加えて、労働者派遣法の改正により、３年以上同じ職場で働くには、派遣先での直接雇用や、派遣元での無期雇用などに切り替えなければなりません。派遣先は、３年を超えて同じ派遣社員を雇いたい場合、無期転換の方針や時期を確認しておきます。

無期転換従業員用の就業規則について

Q 必ず盛り込むべき事項、注意点について教えてください。

A 「定年」と「懲戒」については、忘れず盛り込む必要があります。

まずは「そのまま無期となって問題ないか」という視点から、現在の有期契約社員の就業規則を見直しましょう。多くの場合、「定年」の定めがなく、懲戒処分や解雇に関して不十分なため、これらについては正社員と同レベルの規定を設けます。

Q これまで契約更新に合わせて定期的に労働条件を変更してきました。それもできなくなるのでしょうか?

A 「別段の定め」を設ければ、引き続き定期的に労働条件を見直せます。

無期転換者用の就業規則に、「別段の定め」として、定期的に労働条件を見直すことを規定しておきます。ただし、従業員にとって不利益となる変更は、合理的な理由がなければできないので注意しましょう。

Q 従業員にも周知しないまま、2018年4月を過ぎてしまいました。これからでも遅くはないですか?

A 遅くはありません。まずは「準備中」とし、速やかに対応していきましょう。

放っておくと従業員の不信感をあおるため、まずは「転換後の労働条件や就業規則について検討していること」を公表します。今後転換する権利が発生する社員を把握し、速やかに準備を進めていくことが大切です。

第2章

長時間労働の是正

長時間労働にメス！
罰則付きで残業禁止に

これまで問題だったのは何?

実質、青天井の残業時間が、健康被害の温床になっていた

日本は欧米に比べ労働時間が長いと言うけど、それはなぜ?

確かに、日本は「残業大国」で、フルタイム労働者の労働時間は20年前から減っていない。これには2つの理由が考えられる。

ひとつには、日本固有の企業風土。社員は、年功序列・終身雇用で会社に生涯保障されていると感じているから、会社のために献身的に働こうという意識が強く、会社もそれを当然と思ってきた。

もうひとつは、法律。実は今までも残業時間に上限規制はあり、ガイドラインによる〝強力な指導〟はあったけれど、法律上の罰則はなかったから、労使の合意により実質青天井で残業させることもできてしまったんだ。

なぜ今、問題視され始めたの?

行きすぎた長時間労働により、過労死や過労自殺、うつなど心身の健康被害が深刻になっているからだ。いわゆる「電通事件」と言われる、２０１６年の新入社員が過労自殺した事件も社会に衝撃を与え、長時間労働見直しの機運がさらに高まった。

同時に、従業員側の意識にも変化がみられる。年功序列や終身雇用の仕組みが崩れ、会社のために働こうという意識は薄れてきてい

〈精神障害にかかる労災請求件数〉

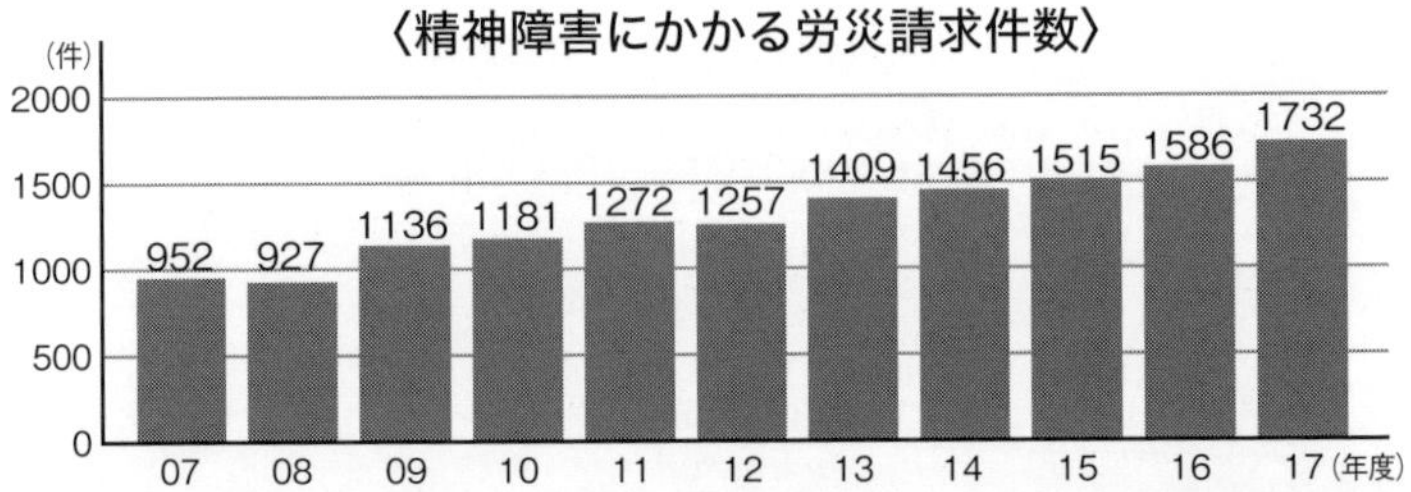
(件)
2000
1500
1000
500
0
952
927
1136
1181
1272
1257
1409
1456
1515
1586
1732
07
08
09
10
11
12
13
14
15
16
17
(年度)

(厚生労働省「過労死等の労災補償状況」より)

る。しかも、高齢化・核家族化が進む今、労働時間を減らして育児や介護と仕事を両立させることは、社会全体の切実な要望になりつつあるんだ。

罰則を受けないためには、残業時間を抑えることですね？

改正のポイントは罰則付きの残業規制だけど、ただ違法な残業の禁止、というだけではないんだ。

会社側は、従業員の自己申告ではなく、タイムカードやパソコンの使用時間など、客観的な記録に基づいて労働時間を適正に把握することが義務化されていて、違反すれば罰則がある。また、残業代を決める「割増賃金率」の一部引き上げや、有休を〝与える〟だけでなく〝消化させる〟義務など、長時間労働の是正にかかわる厳しい規定も盛り込まれているよ。

勉強しておかないとたいへん……。他に注意することは？

働き方改革で社員の「副業・兼業」を推進する方向性が打ち出された。今後は空いた時間に他の仕事をする人も増えると考えられるが、副業・兼業の労働時間に対しては時間外労働とみなされ、割増賃金が発生するケースがあるよ。

何が変わるの？

上限を超えて残業させると罰せられる

Q 特別に労使協定を結べば、残業させることができたはずでは？

A 特例であっても厳守しなければならない上限時間ができました。

残業時間の上限をなくす2つの抜け穴が存在した

これまでにも残業時間に上限はあったが、実質的には無制限に残業させることができた。

抜け穴1 労使協定を結んだ場合の上限は、超過してもおとがめなし！

「三六協定」（P130参照）を労使で結んだ場合、残業時間の上限は月45時間、年360時間となるが、超過しても罰則はなく、強制力を持たなかった。

抜け穴2 特別条項を付けた協定を結べばさらに上限を延長できた

「特別条項付き三六協定」を結べば上記の上限を延長させることが可能。しかも、延長する時間については、労使間の合意に委ねられていた。

罰則がないから上限を守らない会社も多かったし、労使の合意さえあれば、実質いくらでも残業させることが可能でした。

現行法では、労働時間は1日8時間、週40時間と定められ、残業させた場合には罰せられることになっています。なお、労使間で協定を結べば残業させることができ、厚労省はその場合の上限を、月45時間、年360時間までと告示しています。ただし告示には強制力がなく、違反しても罰則はありません。また繁忙期には「特別条項付き三六《さぶろく》協定」を結べば、無制限

いかなる場合も破れない罰則付きの上限が誕生

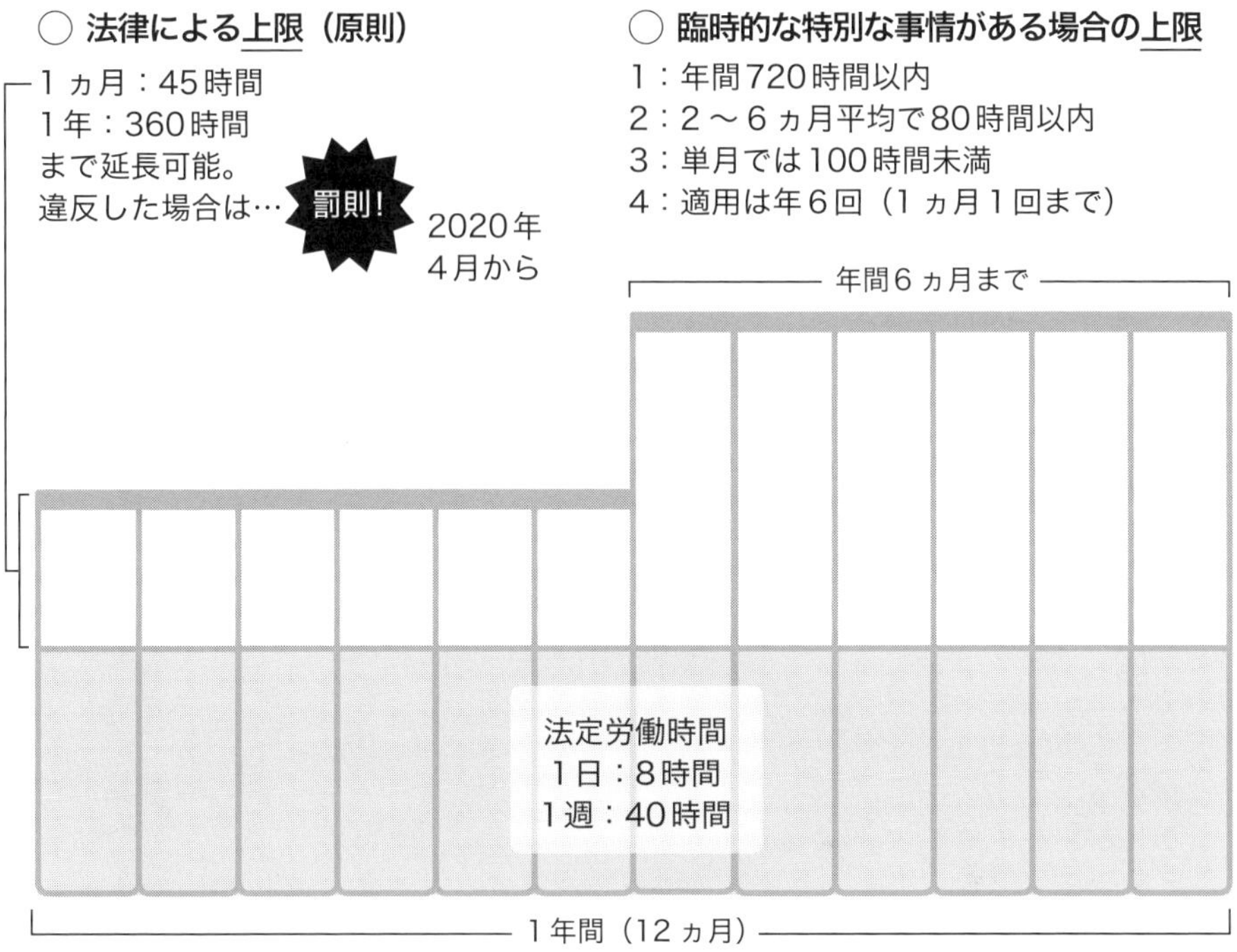
○ 法律による上限（原則）
1ヵ月：45時間
1年：360時間
まで延長可能。
違反した場合は…
罰則！
2020年
4月から
○ 臨時的な特別な事情がある場合の上限
1：年間720時間以内
2：2～6ヵ月平均で80時間以内
3：単月では100時間未満
4：適用は年6回（1ヵ月1回まで）
年間6ヵ月まで
法定労働時間
1日：8時間
1週：40時間
1年間（12ヵ月）

改正では、法律上の罰則を設け、強制力を持たせた。さらに、特例であっても守るべき厳しい規制付きの上限を設定した。

に残業させることも可能。これが長時間労働を生む温床でした。

■繁忙期の特例にも厳しい上限

改正後は法律で規制され、違反者には「6ヵ月以下の懲役または30万円以下の罰金」が科せられます。

新たな規制では、時間外労働に二段階の上限を設定。原則、月45時間かつ年３６０時間を上限とし、臨時的な特例として、労使協定を結べば年７２０時間まで認められます。ただし特例においても、単月上限や適用回数など厳しい規制が設けられています。

会社は、労働時間を正確に把握する義務も負うことになるので、勤務実態を客観的に記録できる体制も整える必要があります。

何が変わるの?

残業規制がなかった業種にもメス!

Q 人繰りが苦しいので規制されると困るという声もありますが?

A ブラック業界と思われれば、さらに人手不足に。是正は必須!

これまで時間外労働は、企業と従業員の間で結ぶ三六《さぶろく》協定によって規制されてきました。ところが実は、この協定で「適用除外」とされ、規制されなかった業種もあります。

具体的には、建設事業、自動車運転業務、新技術などの研究開発業務、鹿児島県及び沖縄県における砂糖製造業などがあります。これらの業種は、待機時間の長さや

残業規制が存在しなかった5つの業種はどうなる?

残業時間に規制すらなかった業種も、長時間労働を是正していく必要に迫られている。

○ 自動車運転の業務

➡ 5年後から上限時間が年960時間となる

一般則の施行期日の5年後から、年960時間(月平均80時間)以内の規制を適用。将来的には一般則の適用を目指す旨の規定も。「100時間未満の制限及び複数月の制限」「労働時間を45時間延長させられる月数の制限」は適用除外。

これらの業種は業務の性質などから長時間労働になりがち。今回の法改正のタイミングでは適用されませんが、今後それぞれ規制が行われます。

○ 医師

➡ 5年後から何らかの上限規制を設ける

「三六協定」の適用範囲内だったものの、実質的には規制なしとなっていた医師。５年後から上限規制が設けられる予定だが、具体的な内容については、医療界も検討に参加したうえで、厚生労働省令で定められる予定。

○ 建設事業

➡ 5年後から一般則を適用（例外あり）

５年後から一般則と同じ規制が適用される。ただし、災害時の復旧及び復興事業については、「100時間未満の制限及び複数月の制限」の適用を受けない。将来的に適用されるということが附則に規定される予定。

○ 鹿児島県及び沖縄県における砂糖製造業

➡ 5年間は一部上限は適用しない

➡ 5年後から一般則を適用

改正法施行後５年間は、「1ヵ月に100時間未満・複数月80時間以内」という規制は適用されない。ただし、５年後から一般則を適用する。

○ 新技術、新商品などの研究開発業務

➡ 面接指導の強化

専門的な知識や技術を持つ者が従事するため、対象を明確にしたうえで引き続き適用除外。ただし、時間外労働が厚生労働省令で定める時間を超える場合は、医師による面接指導を受けさせなければならない。

仕事量に変動があることなど、さまざまな理由から協定の適用外とされてきました。

　また、医師は適用範囲内ですが、急患への対応といった仕事の特殊性があるため、実質的には残業の規制外になっています。

■猶予は5年。対策を急いで

　改正法では、これらの業種にも残業規制が設けられます。ただし企業での混乱を回避するため、施行には5年の猶予が設けられています。

　施行後の規制は、一般則が適用されるものや、条件付きで一般則適用となるものなど、業種によって異なります。検討課題も多いため、今後の法改正や細則には注意が必要です。

何が変わるの？

時間外労働の割増賃金率が上がる

Q 25%から50%に上がるとか。残業代が跳ね上がります……。

A 施行は4年後。今から本気で残業対策に取り組みましょう。

労働基準法では、1日8時間、週40時間の法定労働時間を超えた場合、1時間あたりの賃金に割増率を掛けた「割増賃金」が課されます。

割増賃金の種類は、時間外労働、休日労働、深夜労働の3つ。

時間外労働では、割増率は25%以上。月の時間外労働が60時間を超えると50%以上になります。

休日労働とは、週に1日の法定

残業代を決めるために必要な「割増率」が大幅にアップ

割増率が上がるということは、残業代も上がるということ。残業削減が急務となる。

例）法定労働時間を超えたときの時間外手当

1時間あたりの賃金 × 時間外手当の割増率 × 残業時間

例）法定労働時間を超え、かつ深夜に及んだときの時間外手当

1時間あたりの賃金 × （時間外手当の割増率 ＋ 深夜手当の割増率） × 残業時間

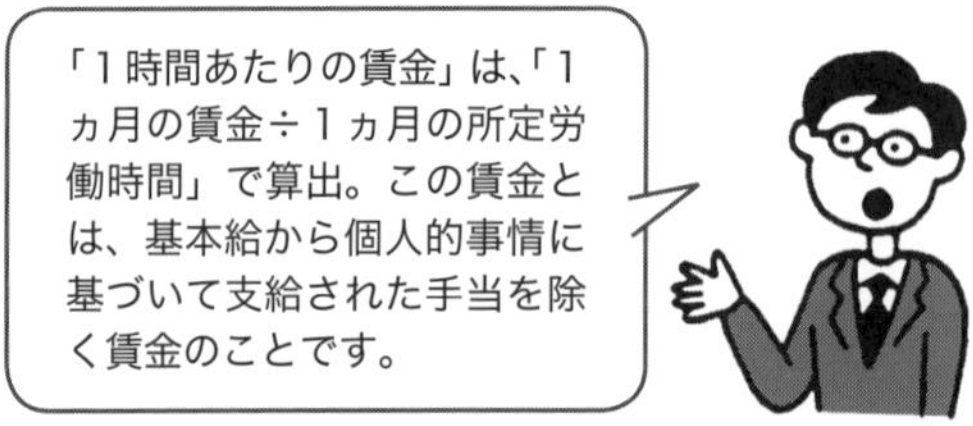
「1時間あたりの賃金」は、「1ヵ月の賃金÷1ヵ月の所定労働時間」で算出。この賃金とは、基本給から個人的事情に基づいて支給された手当を除く賃金のことです。

◯ 大企業と中小企業では、割増率が異なっていた

種類	割増賃金の種類	割増率
時間外労働	法定労働時間（1日8時間、1週間40時間）を超えたとき	25％以上
	時間外労働時間が、1ヵ月60時間を超えたとき	**50％以上**
休日労働	法定休日（週1日）に労働させたとき	35％以上
深夜労働	22時～翌日5時までに労働させたとき	25％以上

この割増率については大企業にのみ適用され、中小企業は猶予されていた

↓

2023年4月1日から、中小企業にも同様に適用される

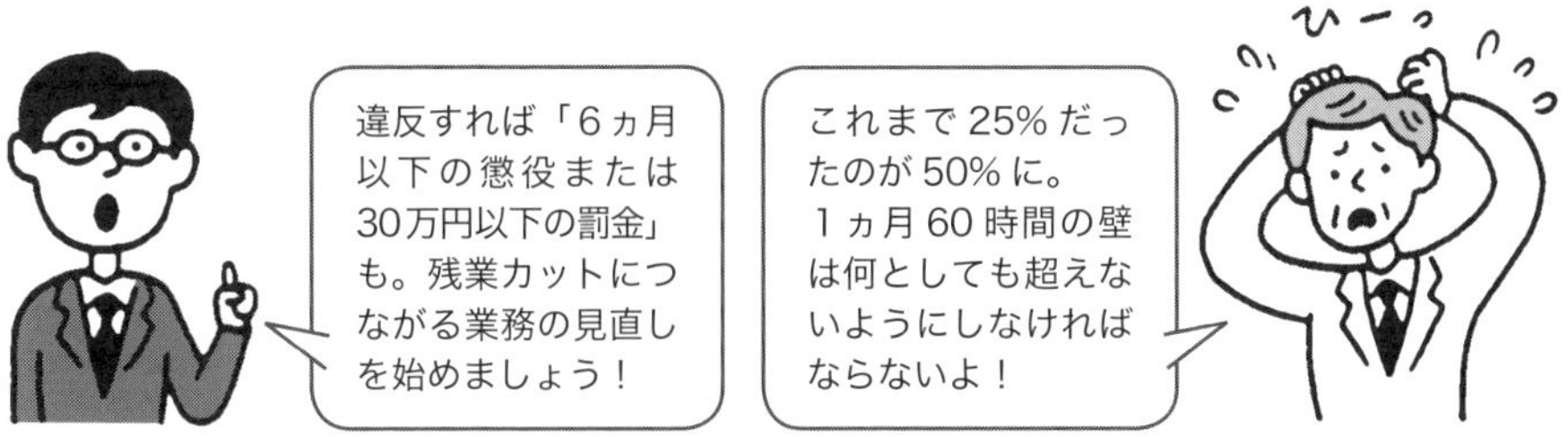
違反すれば「6ヵ月以下の懲役または30万円以下の罰金」も。残業カットにつながる業務の見直しを始めましょう！
これまで25％だったのが50％に。1ヵ月60時間の壁は何としても超えないようにしなければならないよ！
ひーっ

休日（Ｐ１４０参照）の労働を指し、割増率は35％以上。法定休日以外の休日労働は、時間外労働と同率の割増率です。

22時から5時までに行われる深夜労働に対しては、25％以上の割増率を加算します。

■中小企業の特例猶予が廃止に

実はこれまで、中小企業については、「月の時間外労働が60時間を超えた場合の割増率」は猶予されていました。

ところが改正後はこの猶予がなくなるため、２０２３年４月１日以降は60時間を超える時間外労働に対し、中小企業も50％の割増率が課されることになります。違反すれば賃金未払いとみなされて罰則もあります。

何が変わるの?

年5日は有休を消化させること

Q 閑散期をねらって強制的に休ませればいいですよね?

A 従業員の希望を尊重すること。会社の都合のみで休ませるのはNGです。

年次有給休暇とは、労働者の疲労回復や健康維持のために労働基準法で定められている法的休暇制度です。

雇入日から6ヵ月間勤務し、8割以上出勤した従業員には、最低10日を付与。以降1年経過ごとに、勤続年数や労働時間に応じた日数が付与されていきます。

現行法では、有給休暇の〝付与〟は義務ですが、〝消化〟について

有休は与えるだけでなく消化させなければならない

法改正後は、従業員が年次有給休暇を取得しなかった場合は違法となり、罰せられることも。

〈現行法〉
- 一定日数の年次有給休暇を付与→ 義務
- 実際に消化させること→義務ではない

〈改正法〉

義務

10日以上の有給休暇が付与される人には
毎年5日必ず消化させる

年次有給休暇を取得するか否かは、従業員の判断に委ねられていたが、これからは会社の義務となる。「社員が申し出ないから取得させていない」という言い訳は通用しなくなるので注意。

いや～
NG
うちの社員は
みんな仕事熱心でね。
休めと言っても
休まないのだから、
困ったものだ

会社が計画的に休ませる「計画的付与制度」を活用してもいい

会社が計画的に年次有給休暇を与える制度。就業規則に定め、労使協定を結べば導入できる。ただし、最低5日分は従業員が自由に使えるものとして残しておくのがルール。

【導入するには？】
・労使協定を結ぶ
・労働者が自由に取得できる日数も残しておく

【付与方法は3つ】

1. 事業場全体で一斉に付与する
2. 部署や班などのグループごとに、交代で付与する
3. 個人ごとに付与する

1・2 → 労使協定に付与日を指定しておく

3 → 付与日を定めた計画表を作成する

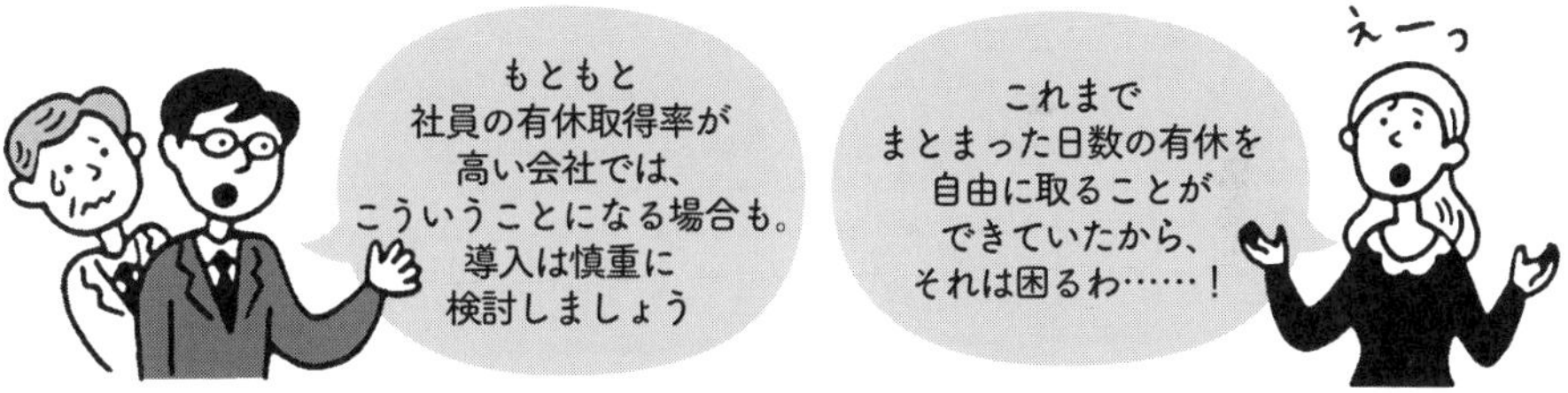
もともと社員の有休取得率が高い会社では、こういうことになる場合も。導入は慎重に検討しましょう
これまでまとまった日数の有休を自由に取ることができていたから、それは困るわ……！
えーっ

は従業員自身の判断に委ねられます。このため、多忙や他の社員への気兼ねなどで、取得率は5割ほどにとどまっています。改正法のねらいは、取得率向上による労働時間短縮にあります。

■計画的付与制度の活用も

改正後、企業は年次有給休暇が10日以上の従業員に対し、1年以内に時季を定めて有給休暇を取得させなくてはなりません。違反すれば「30万円以下の罰金」。時季を定める際は、従業員の意思尊重が企業の努力義務となります。

一方、従業員からの時季指定や上記のような「計画的付与制度」を利用して有休が取得された場合、その日数分については改めて与える必要はありません。

何が変わるの?

労働時間の把握が義務化される

Q タイムカードの打刻を見ればわかりますよね?

A より厳密に、細かく把握することが必須になります。

社員全員の労働時間を客観的な方法で把握する

従業員の中には本来〝労働時間を把握する必要のない人〟もいるが、今後は把握が必要となる。

長時間働く従業員（1ヵ月100時間の時間外・休日労働）への医師の面接指導が義務化された

↓

従業員みんなの労働時間の把握が必須に

↓

これまで管理不要だった人たちも把握しなければならない

管理監督者

裁量労働制の対象者

管理監督者やみなし労働時間制が適用される従業員は、労働時間把握の対象外だが、長時間労働になったら面接指導を受けさせなければならないため、労働時間の把握が必須に。

企業には、賃金台帳などによる労働時間や賃金の管理が定められています。けれども労働時間の把握を義務づける法律がなかったため、長時間労働や割増賃金未払いなどの問題が生じていました。

働き方改革では、労働安全衛生法を改正して、企業の労働時間把握を明文化。労働者の健康確保の立場から、時間管理の対象外である管理監督者や裁量労働制の対象

■そもそも労働時間とは？

労働時間

従業員が、会社の指揮命令下で労務を提供する時間。以下のようなものを含む。

- ○ 実労働時間
- ○ 会社が指定する制服へ着替える時間
- ○ 業務にかかる前の準備と、業務後の後片付け
- ○ 電話待ち当番や来客対応当番（手待ち時間）

状況に応じて分かれる労働時間

自由に使える時間があるか否かなど、状況によって労働時間とみなされるもの。

- ○ 次の仕事への移動時間や待機時間
- ○ 就業時間外の教育訓練
- ○ 健康診断
- ○ 仮眠時間

↓

◆使用者自らによる現認
（実際に働いていること、業務が終了したことを目で見て確認する）
◆タイムカード、ICカードなどのデータを使って確認

いずれかの方法で**客観的**に把握しなければならない

者を含むすべての従業員の労働時間を把握することが義務づけられました。

■労働時間の客観的記録が必要

改正法では、労働時間把握のため講ずべき措置にタイムカードやパソコンの使用時間などの、客観的な記録を求めています。

ただし、労働時間とは「使用者の指揮命令下にある時間」。上記のように、作業間の待機時間なども含まれる一方、タイムカード打刻後に始業時までおしゃべりしていた時間は含まれないなど、タイムカードの記録も参考程度にすぎません。

会社は今後、勤務実態を正確に把握するシステムを導入する必要があります。

何が変わるの?

フレックスタイム制の清算期間が拡大

Q 企業にはどんなメリットがあるのですか?

A 長いスパンの繁閑に合わせて、労働時間を調整できます。

フレックスタイム制とは、一定期間（清算期間）で総労働時間を定め、その範囲内で従業員が自由に時間帯を決めて働ける制度。総労働時間は、1週の法定労働時間40時間（※）を基準に算出します。

現行法では清算期間の上限は1ヵ月。例えば31日なら総労働時間は40÷7×31＝177・1時間。清算期間を通じた実労働時間がこれを超えると、割増賃金が発生。

従業員が就業時間を決めるため定めた期間内で自由に働ける

各従業員の業務に応じて柔軟に労働時間を決められるのがフレックスタイム制のメリット。

例）定めた期間が1週間、契約時間40時間の場合

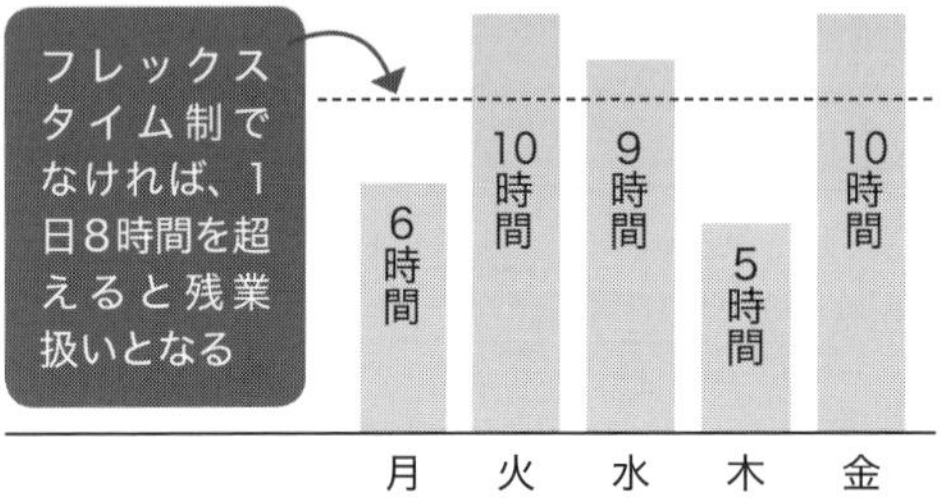

火、水、金は1日8時間の法定労働時間を超えているが、定めた期間（1週間）内のトータルの労働時間が、契約時間（40時間）内に収まっていれば残業とならない。

とはいえ、会社に誰もいないという事態を避けるため、コアタイム（必ず勤務しなければならない時間帯）を決めているケースが多いですよ。

月をまたいで繁閑のある職場でも利用しやすい制度になる

【1ヵ月のうちに繁閑のある職場での例】

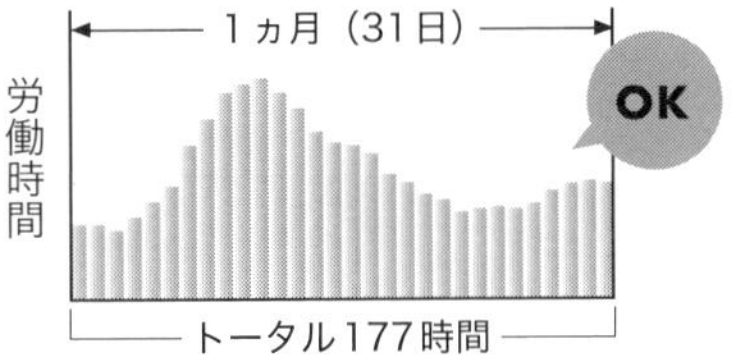

清算期間1ヵ月のフレックスタイム制は、月をまたいで繁閑のある職場では、超過月と不足月が発生しやすく、使いにくい制度だった。清算期間が延びたことで、月ごとの超過による割増賃金を気にする必要がなくなり、より柔軟な労働時間を設定しやすくなった。

【月をまたいで繁閑のある職場での例】

●清算期間1ヵ月の場合

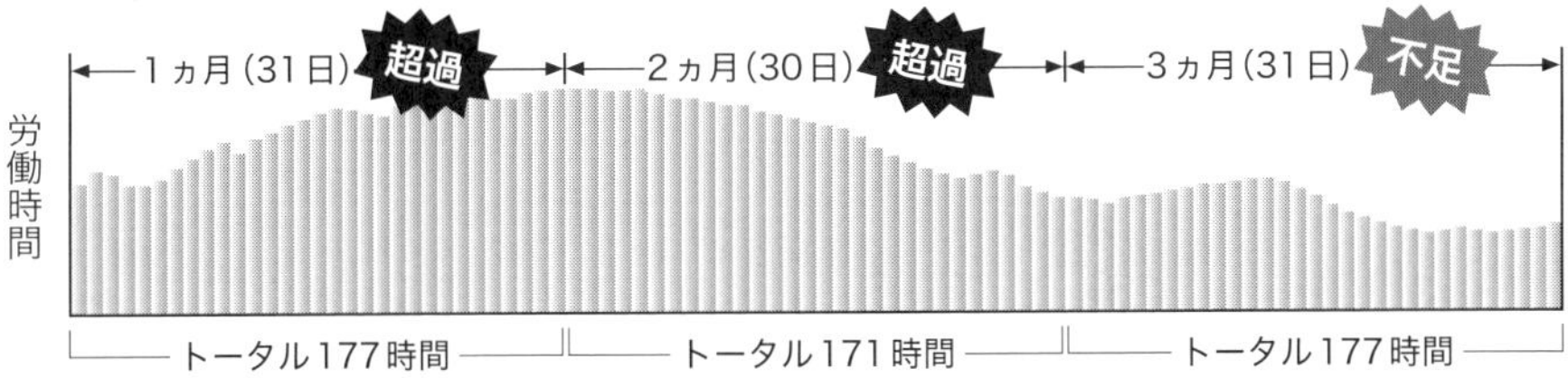

●清算期間3ヵ月の場合

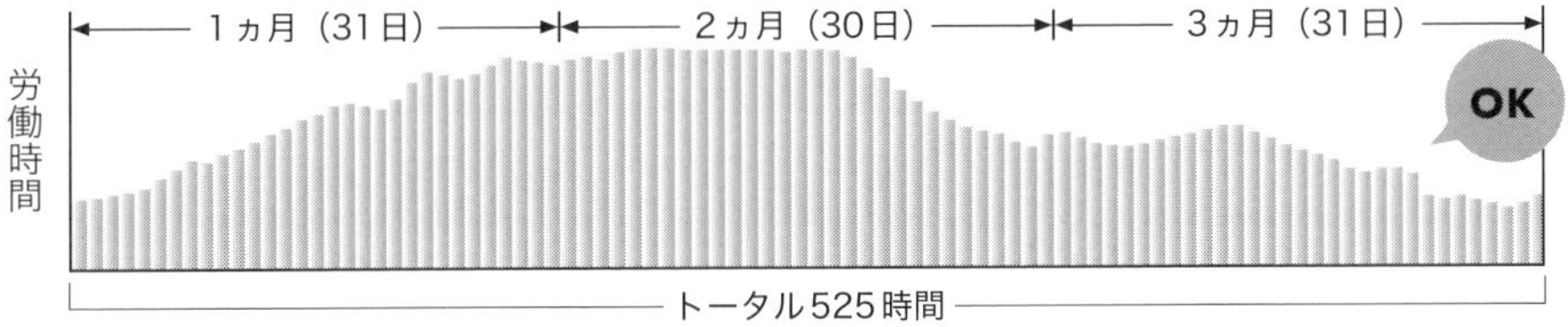

不足するなら、不足分賃金を控除するか、法定労働時間総枠の範囲で不足分を翌月に持ち越します。

■割増賃金に新たな規定も

改正後は清算期間の上限が3ヵ月に拡大。月をまたいで労働時間を調整できるため、従業員は予定を組みやすく、企業は月ごとに割増賃金を支払う必要がなくなります。施行は企業規模にかかわらず2019年4月からです。

ただし清算期間が1ヵ月を超える場合、労使協定の届け出が義務づけられ、違反には30万円以下の罰金も。また割増賃金は、前述の「清算期間を通じた算出分」に加え、各月ごとに週平均労働時間を算出。週50時間を超えると割増賃金が発生します。

※常時10人未満の従業員を使用する商業、映画・演劇業（映画製作事業を除く）、保険衛生業、接客娯楽業の事業場は、44時間。

何が変わるの?

勤務間インターバル制度が努力義務に

Q そもそも勤務間インターバル制度とは何ですか?

A 終業から翌日の始業までに、一定の時間を設ける制度です。

　働き方改革では、「労働時間等設定改善法」も改正され、「勤務間インターバル」の導入に努力義務が課されることになりました。

　勤務間インターバルとは、1日の終業から翌日の始業までの間に一定時間を確保する制度。従業員の休息や睡眠のための時間を確保して、ワーク・ライフ・バランス向上を目指そうというものです。

　すでにEUでは11時間のインタ

勤務間インターバル制度は長時間労働を抑制する効果大

始業・終業時刻の設定について新たなポイントが、事業主の努力義務として追加された。

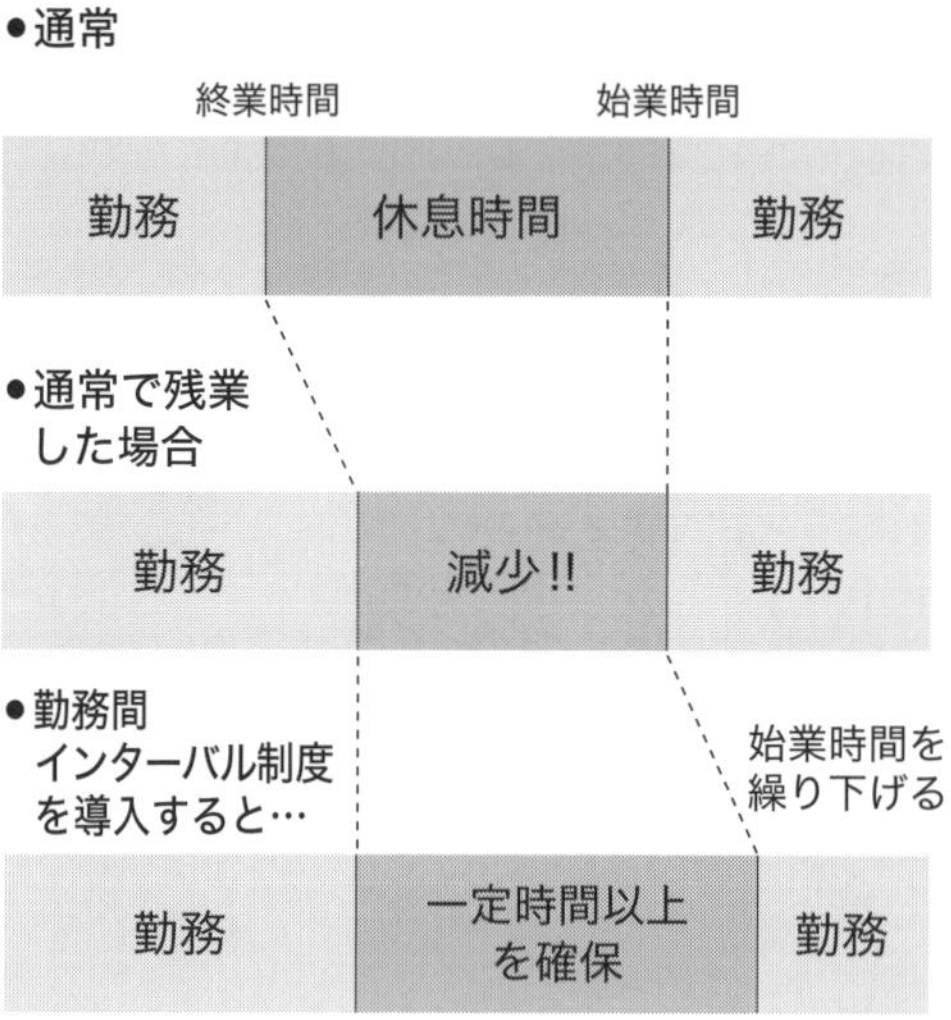

●通常
終業時間
始業時間
勤務
休息時間
勤務
●通常で残業した場合
勤務
減少!!
勤務
●勤務間インターバル制度を導入すると…
始業時間を繰り下げる
勤務
一定時間以上を確保
勤務

通常、残業すると総労働時間は長くなり、従業員が自由に使える時間は短くなる。勤務間インターバル制度では、残業するとその時間に合わせて始業時刻が繰り下がるので、業務と業務の間に一定の休息時間を確保できる。

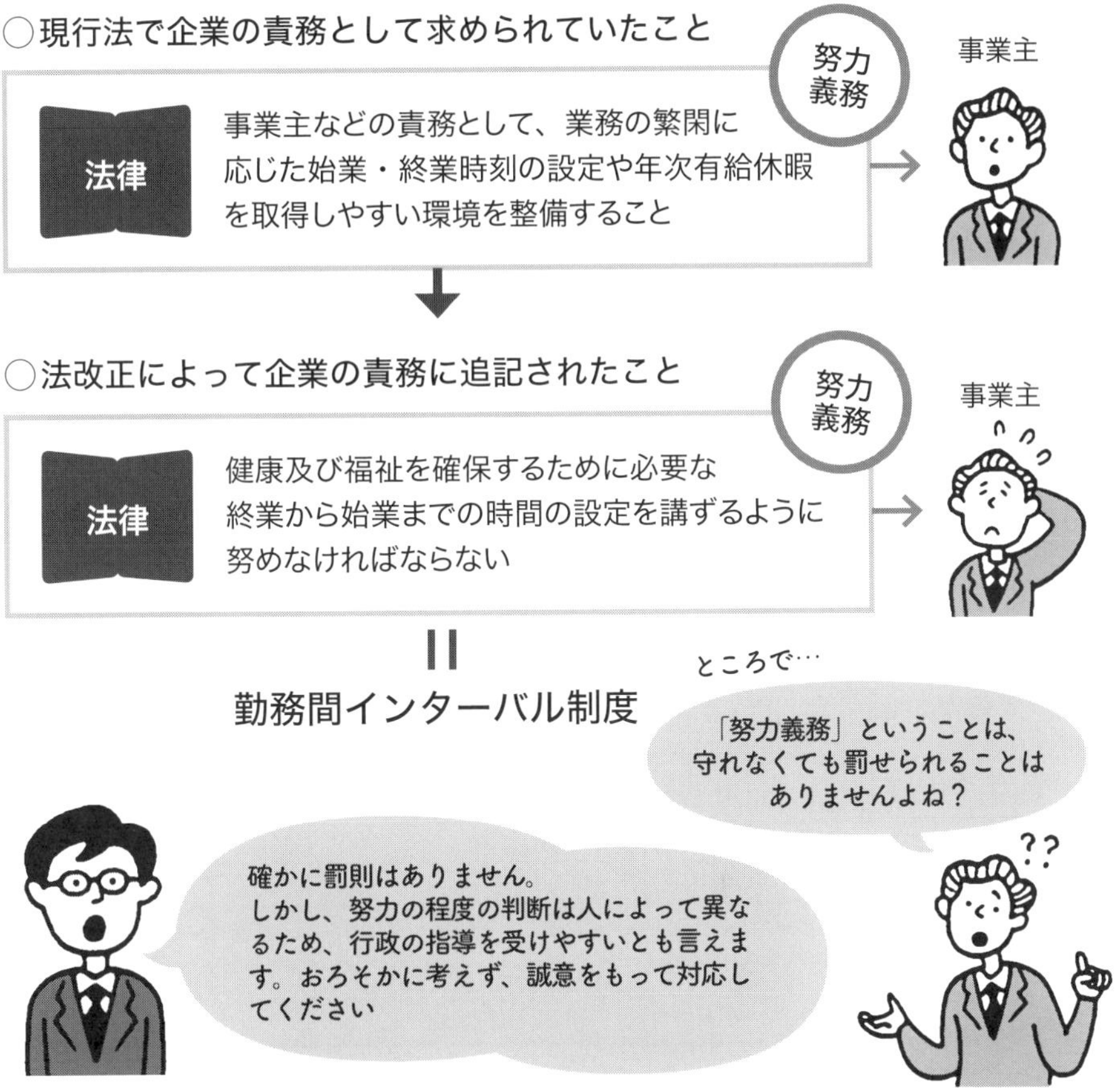
◯現行法で企業の責務として求められていたこと
努力義務
事業主
法律
事業主などの責務として、業務の繁閑に応じた始業・終業時刻の設定や年次有給休暇を取得しやすい環境を整備すること
◯法改正によって企業の責務に追記されたこと
努力義務
事業主
法律
健康及び福祉を確保するために必要な終業から始業までの時間の設定を講ずるように努めなければならない
＝
勤務間インターバル制度
ところで…
「努力義務」ということは、守れなくても罰せられることはありませんよね？
??
確かに罰則はありません。しかし、努力の程度の判断は人によって異なるため、行政の指導を受けやすいとも言えます。おろそかに考えず、誠意をもって対応してください

ーバルが義務づけられていますが、日本での導入企業は２・２％止まり。インターバル時間も７～８時間が最多とされます。

■業種に適した導入を工夫する

勤務間インターバルを導入するには、「○時以降の残業を禁止し、かつ○時以前の始業を禁止」とか、「次の勤務開始までに少なくとも○時間の継続した休息時間を与える」などと就業規則に定めます。

このような規定は、業種によっては導入困難とする企業もありますが、労働者の健康維持だけでなく、生産性アップや人材の確保・定着率向上など、企業のメリットもあります。厚生労働省のＨＰには、さまざまな業種による導入例が示されています。

何が変わるの?

産業医の機能が強化される

Q 産業医は一応選任していますが、名ばかりであまり機能していません。

A 監督が強化されています。現状では問題になる可能性がありますよ。

安全衛生管理（※）にかかわるスタッフの役割を知っておく

会社は、従業員の安全衛生を守るためのスタッフを選任する義務がある（P168参照）。

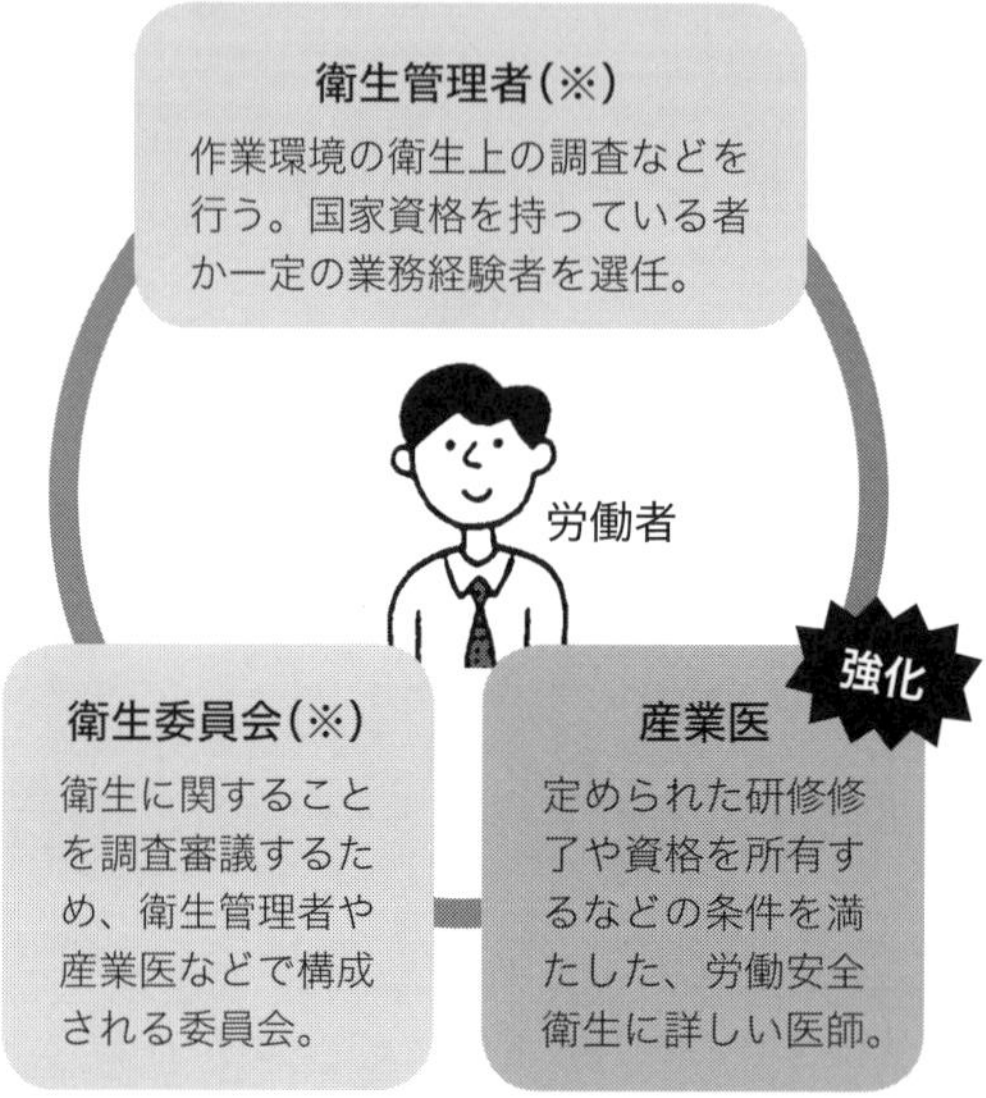

衛生管理者（※）
作業環境の衛生上の調査などを行う。国家資格を持っている者か一定の業務経験者を選任。
労働者
強化
衛生委員会（※）
衛生に関することを調査審議するため、衛生管理者や産業医などで構成される委員会。
産業医
定められた研修修了や資格を所有するなどの条件を満たした、労働安全衛生に詳しい医師。

上記は従業員数50人以上で選任が義務づけられている。10人以上49人以下の職場では、上記に代わって衛生推進者（P169と欄外脚注参照）をおく。

職場の安全や健康を守るのは、会社の責務です。事業規模や業種によっても異なりますが、各企業は上記のように「衛生管理者」「衛生委員会」「産業医」などを選任し、従業員の安全衛生管理体制を整備することが義務づけられています。

このうち、改正法でとくに強化されるのが、産業医の機能です。過重な長時間労働で心身の健康を

産業医の機能強化のため 3つの対策が義務に

2020年4月から施行

事業主やその他の安全衛生にかかわるスタッフと連携することが必須となる。

1　事業者→産業医　長時間労働に携わる従業員の情報などを提供

長時間労働となっている従業員には、面接指導を受けさせることになるが、その際に、労働時間の実態や担当している仕事の内容などの情報を、産業医に提供しなければならない。

- 健康診断実施後の措置について
- 一定の労働時間数を超える従業員の氏名、業務内容その他の「産業医が労働者の健康管理などを適切に行うために必要な情報」として厚労省令で定めるもの

2　事業者→従業員　産業医の業務内容を知らせる

従業員が望んだときに産業医を利用することができるよう、自社で産業医をおいていることや、産業医が担っている役割について、従業員に周知する。

3　事業者→衛生委員会

産業医から受けた勧告があれば報告する

事業者が産業医の意見を受けて就業上の措置を講じた後、産業医からさらなる対応を求められる（勧告）ことも。その場合は、衛生委員会に報告する。

従業員50人未満なら産業医設置は努力義務ですが、健康管理等を担うよう努めなければなりません。

損ない、過労死のリスクが高まっている従業員を見逃さないよう、産業医による面接指導や健康相談が確実に実施されることを求めています。

■産業医の機能強化が義務に

労働安全衛生法の改正により新たに義務化されるのは、3つ。

①労働者の健康管理に必要な情報を産業医に提供。

②労働者に産業医の業務を周知。

③産業医から受けた勧告の内容を衛生委員会に報告。

なお、中小企業では産業医の選任率の低さが問題視されています。選任義務のない小規模企業では、医師による従業員の健康管理は努力義務とされ、国の援助も定められています。

※建設業、運送業、清掃業、製造業、小売業などでは、衛生推進者の代わりに「安全衛生推進者」を、衛生管理者に加えて「安全管理者」をおく。また、衛生委員会については、業種や人数に応じて「安全委員会」を併設する。

何が変わるの?

違反したらまず是正勧告される

Q 違反したらいきなり罰せられてしまうのですか?

A いいえ。まずは正すよう勧告、指導されます。

違反を調査するのは労働基準監督署の仕事

労働基準法などの労働法についての違反を取り締まるのは、労働基準監督署の仕事。

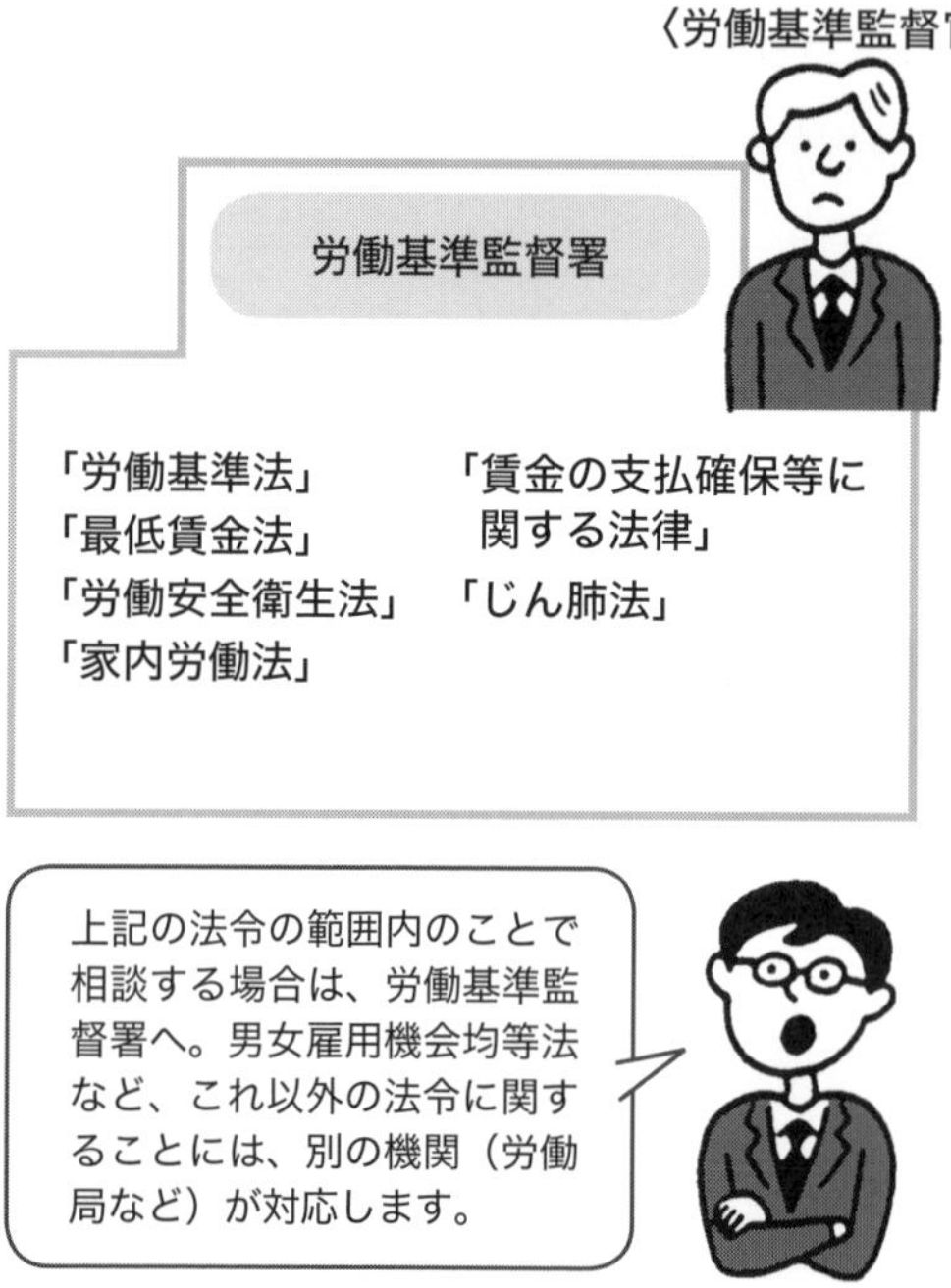
〈労働基準監督官〉

労働基準監督署
「労働基準法」

「最低賃金法」

「労働安全衛生法」

「家内労働法」

「賃金の支払確保等に関する法律」

「じん肺法」

上記の法令の範囲内のことで相談する場合は、労働基準監督署へ。男女雇用機会均等法など、これ以外の法令に関することには、別の機関（労働局など）が対応します。


「電通事件」（P52参照）に対する世論に後押しされ、労基署は改正法施行前から長時間労働の取り締まりを強化しています。

とくに重点的に調査されているのは、過重労働が常態化している業種。月80時間以上の残業を三六《さぶろく》協定の特別条項で取り決めている企業なども、優先的な調査対象となっています。調査については上記で説明していますが、違法の場

◯ 調査は予告なく行われる

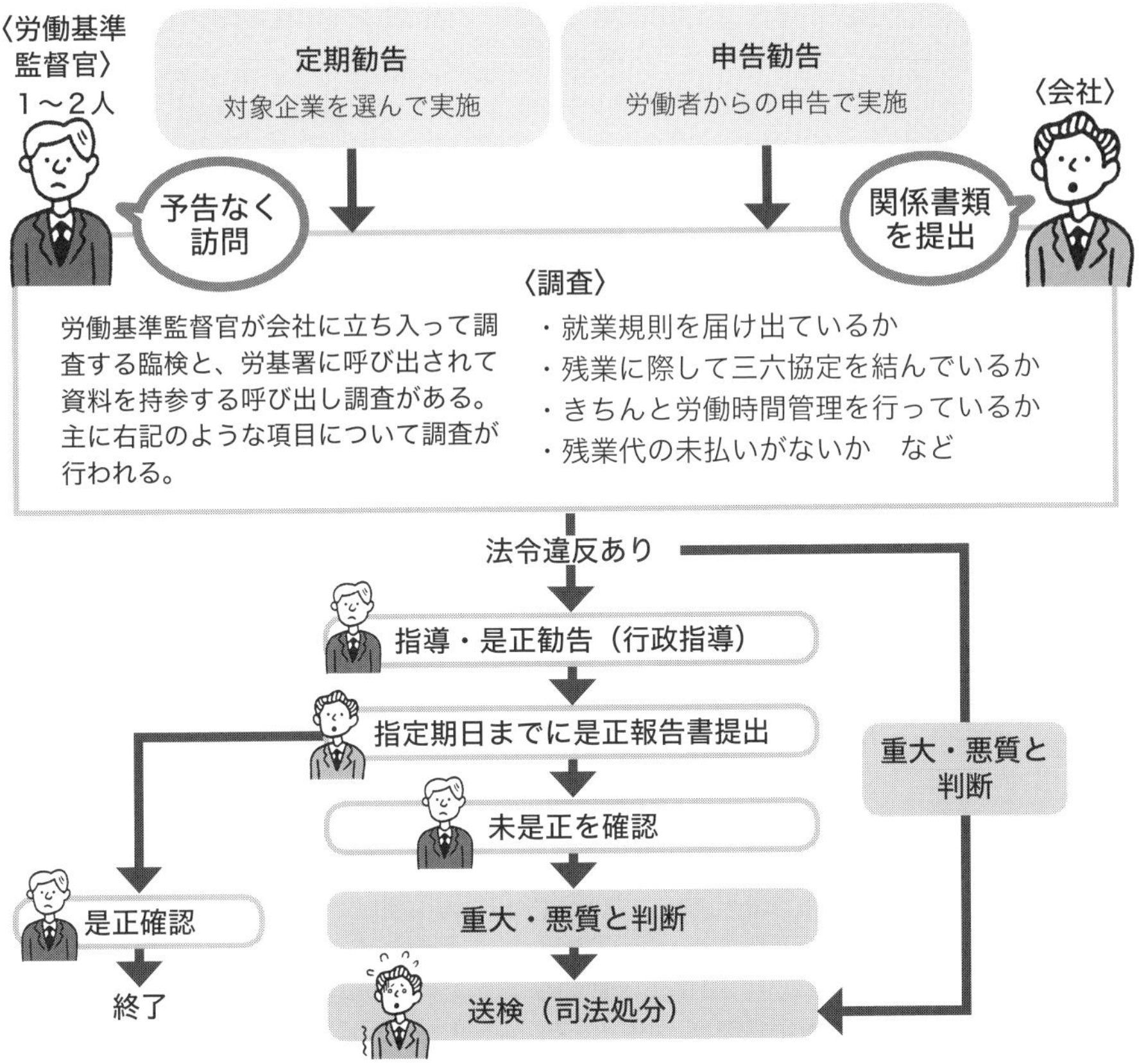

合、送検され社名が公表されるので注意が必要です。

■ブラック企業認定のリスクも

さらに厚生労働省では、違法な長時間労働や過労死などで指導を受けた企業を公表する制度を始めています。たとえ送検されなくても、指導を受けただけで「ブラック企業」の認定を受けて、求人に差し障り、人材不足になる危険もあります。

キーワード

過重労働撲滅特別対策班（通称かとく）とは

「電通事件」（P52参照）で注目される、労働基準監督官で構成された特別チーム。違法な長時間労働を行う事業所に対して監督指導や捜査を行う。厚生労働省と東京・大阪の労働局に設置。

会社はどうする？

従業員の労働時間管理に取り組む

Q うちはタイムカードで管理しているから問題ないですよね？

A より細かく管理できる勤怠管理システムの導入をお勧めします。

従業員の労働時間を三段構えでチェックする

改正法では、特例で認められる上限に細かい条件がついているので確認しておこう。

CHECK ① ▶ 1ヵ月単位で時間外労働及び休日労働の合計が100時間以内となっているか

CHECK ② ▶ 2～6ヵ月間の月平均の労働時間が80時間に収まっているか

CHECK ③ ▶ 月45時間の限度時間を超える回数が、12ヵ月中6回を超えていないか

例えば、1はクリアしているが2は引っかかっているということもあります。すべてを満たしているかどうかという視点で、従業員全員の労働時間をチェックしましょう。

違法な長時間労働をさせないためにはまず、従業員の労働時間を正確に把握すること。改正法では残業時間の上限について、月をまたいだ細かな規定も設けられているため、上記のような三段階のチェックが必要になります。

厳しい基準に対応するには、たんに出退勤時刻を打刻するタイムカードだけでは不十分。休憩時間などのグレーゾーンを正確に把握

できず、押し忘れや改ざんの可能性も否めません。
　より客観的に細かく勤務実態を把握するには、すでに多くの企業で利用されている「クラウド型勤怠管理システム」がお勧めです。

正確に細かく把握できる
クラウド型勤怠管理が主流

労働時間を把握する手段にはいくつかあるが、インターネットを利用するのが主流に。

タイムカード方式

拠点が多い場合は状況の把握が難しい

安価なので、導入にかかる費用を抑えられる。方法も簡単。ただし、会社でなければ打刻することができないので、出先から直帰などビジネスの拠点が多い従業員の場合は、この方法は向かない。

エクセル方式

「客観的な記録」という点で疑問がある

エクセル上で出退勤時刻を入力する方法。手軽、かつコストもかからず、給与計算システムなどと連携できる場合も。ただし、入力は従業員本人が行うため、「客観的」かどうかという点に疑問が残る。

↓

主流！

クラウド型の勤怠管理システム

インターネットを利用する打刻方法。場所や端末を問わずに記録でき、リアルタイムに確認も可能。さまざまな企業が開発しており、休暇管理や給与計算、特色ある機能を搭載したものが続々と登場している。

〈メリット〉
- 導入にかかる初期費用を抑えられる
- 不正な打刻を防ぐことができる
- 給与計算と連携させることもできる
- 既定時間を超過しそうな場合にはアラート機能も

～勤怠管理システムの例～

【ジョブカン勤怠管理】
スマホの GPS や IC カードなど、様々な打刻方法を利用できる。勤怠管理のほか、シフト作成・管理機能も充実。参考価格 200 ～ 500 円。

【jinjer 勤怠】
スマホやタブレットでの打刻、勤怠管理ができるため、専用端末を使わずに時間と場所を問わず利用できるのが特徴。参考価格 1 人 300 円～。

【Touch On Time】
PC やスマホのほか、指紋認証による打刻など、様々なタイムレコーダーを利用できる。導入・運用の無料サポートも。参考価格 300 円。

【KING OF TIME】
リアルタイム自動集計。IC カードや指紋認証など多彩な打刻方法の他、残業アラート、休暇自動計算などの機能も豊富。価格は 1 人 300 円／月。

会社はどうする?

〝残業ができない仕組み〟を作る

Q 業務量が多すぎるわけではないのに、残業が減らないんです。

A 「残業はできない」と従業員に意識させる体制づくりが必須です。

「管理職だから残業OK」の意識を改革しよう

そもそも「管理職」の定義が曖昧にとらえられ、就労実態を伴わない場合が多い。

[管理監督者]の要件

- 経営者と一体的な立場で仕事をしている
- 出社、退社や勤務時間について厳格な制限を受けていない
- その地位にふさわしい待遇がなされている

↓ これにあてはまらなければ…

たとえ管理職という肩書きがあっても残業手当や休日手当を払わなければならない

出退勤の自由度は一般社員と変わらない。これってマズイでしょうか?
要件を満たさない「名ばかり管理職」とみなされてしまう恐れがありますね

残業時間を減らすために注意すべき点は、主に2つあります。

ひとつめは、管理職の残業。一般に、管理職は労働時間の管理対象外で、残業代も必要ないと考えている企業が多いようですが、これは要注意。管理職が労基法の「管理監督者」であるためには、上記のような厳しい要件を満たす必要があるのです。

これらの要件を満たしていない

残業に"ハードル"を設け意識を変える

残業しにくい環境を用意し、従業員一人ひとりに残業回避の意識を持ってもらう。

残業時間が長いことを評価しない制度にする

例えば、「残業時間が長い＝生産性が低い」とする考え方をベースにして、残業時間を減らすことを賞与の算定基準に盛り込むなど、残業そのものを評価しない制度を作り、従業員にも周知する。

生産性低

残業を許可制にする

事前に上司に届け出て、許可された場合のみ残業できる制度。事前の許可が得られなければ事後に承認を得させる場合も。運用する場合は就業規則に明示。残業する際の手続きも従業員に周知する。

本当かな？
許可書

「残業できない日」を強制的に設ける

「ノー残業デー」などとして、従業員が必ず定時で帰る日を設ける。周囲に気兼ねして退社できないというケースにはお勧め。政府が推奨する「プレミアムフライデー」と同様の制度。

残業カットには、従業員全員の意識改革が欠かせません。ハードとソフト、両面から改革していきましょう。

場合、従業員から訴えられれば、裁判所で管理職と認められず、残業代の支払いを命じられる可能性も。大きな訴訟リスクをはらんでいると知っておくべきでしょう。

■「残業はダメ」という意識を

2つめは、従業員の意識改革です。実際にオーバーワークで残業している場合には仕事量や割当ての見直しが不可欠ですが、たんに残業が習慣化している会社では、従業員に「残業できない」意識を浸透させることが大事です。

残業した場合にはマイナス評価にしたり、「ノー残業デー」を設けるなど、制度を工夫するのも効果的。意識徹底のためには、管理職自ら残業しない姿勢を見せることも重要です。

会社はどうする？

変形労働時間制で繁閑を乗り切る

Q 長時間労働させざるを得ない繁忙期はどうすればいいですか？

A 期間内で労働時間にメリハリをつけられる制度を利用しては？

一定の期間内で不規則な労働時間を設定できる

どうしても残業を避けられない繁忙期をねらって、労働時間を増やすことができる。

◯ 1ヵ月単位の変形労働時間制

1ヵ月以内の一定期間で労働時間を調整できる。「〇〇課のみ」「パートタイマーのみ」というように、部署や職種に限定しての導入もできる。

〈こんなときに便利〉
- 1ヵ月のうちに繁閑がある会社
- 労働日数が短いパート
- 交代制や夜勤のある職場

【導入するには】

1. 就業規則に定める。または労使協定を結んで労働基準監督署に届け出る。
2. 変形期間を決める。1ヵ月以内の期間にして、起算日を決める。
3. 労働時間を決める（変形期間内の1週間あたりの労働時間が40時間を超えないようにする）。
4. 勤務シフト表（変形期間内での全労働日の労働時間を定めたもの）を作り、起算日の前までに従業員に通知する。

法定労働時間は1日8時間、週40時間と定められていますが、なかには仕事に繁閑の波が大きく、規制が適さない業務もあります。

このような場合にお勧めなのが、変形労働時間制です。これは、一定期間の枠内で、法定労働時間を超えて労働時間を設定できるというもの。同種の制度にフレックスタイム制がありますが、フレックスタイム制の場合、従業員が自ら

◯ 1年単位の変形労働時間制

1ヵ月を超えて1年以内の一定期間（対象期間）で労働時間を調整できる制度。1ヵ月単位と同様、部署や職種を限定して導入することもできる。

〈こんなときに便利〉
・1年の間で繁忙期や閑散期がある業種
・月をまたいで業務時間を調整したい場合

【導入するには】

1. 労使協定を結び、労働基準監督署に届け出る。
2. 対象期間を決める。1ヵ月を超えて1年以内で定め、起算日を決める。
3. 対象期間内の総労働日数（または休日数）と総労働時間を決め、労使協定とともに労働基準監督署に届け出る。
4. 労働時間を決める（対象期間内の1週間あたりの労働時間が40時間を超えないようにする）。
5. 対象期間を1ヵ月以上の期間に区分し、勤務シフト表（区分期間内の労働日・総労働時間を決めたもの）を、その区分期間が始まる30日前までに作成する。

〈主な時間設定の決まり〉
・労働日数
・対象期間内の所定労働時間の総枠の上限
・1日の労働時間：10時間まで
・週の労働時間：52時間まで
・対象期間が3ヵ月を超える場合
①48時間を超える週は連続3週まで
②労働時間が48時間を超える週は、3ヵ月ごとに区分した期間の中で3回まで

1年単位の制度は期間が長いため、従業員が疲れてしまわないよう、労働時間や連続した労働日数などの規制が厳しく設定されています。

スケジュールを調整するのに対し、変形労働時間制は、会社が労働時間を決めます。

■運用時は不備がないよう注意

変形労働時間制は、月または年単位で行われ、上記の説明のように、それぞれ導入要件が定められています。「経理部のみ」「パートタイマーのみ」など部署や勤務形態ごとに利用することもできます。

1週間単位のものもありますが、規模や業種が限定的で手間もかかるため、あまり利用されていません。

金融業界や観光業のように繁閑期がある業種には便利な制度ですが、運用にミスがあると認定が取り消され、多額の残業代が発生する場合があります。

会社はどうする？

副業・兼業で生じる〝残業代〟に注意

Q 我が社での労働時間が法定時間内なら払わなくていいですよね？

A 労働時間は〝通算〟なので、払わなくてはいけない場合があります。

副業・兼業はこれから増えることが予想される

本来は職業選択の自由として労働時間外の副業や兼業は認められている。

時間外は
何をしてもOK！
でも我が社では、
就業規則で、
副業・兼業禁止規定を
設けています
仕事B
仕事A

裁判になると

《裁判例》
職場の秩序を乱すことなく、業務に支障がなければ、副業・兼業禁止規定には違反していないと判断されることもある。

《厚労省「副業・兼業の促進に関するガイドライン」》
企業に対して、原則、副業や兼業を認める方向で検討するよう求めている。

労働時間規制とともに問題になるのが、副業・兼業。会社の労働時間が減るにつれ、余暇に働こうとする人は増えると予想されており、働き方改革でも、副業・兼業の環境整備を進めているからです。

多くの企業では就業規則で副業を禁止していますが、副業は違法ではなく、認めざるを得ないケースもあります。さらに厚労省のモデル就業規則でも、「許可なく他

副業・兼業している従業員の残業代を支払うのは誰か？

勤務先が複数あっても、労働時間は通算となる点に注意しなければならない。

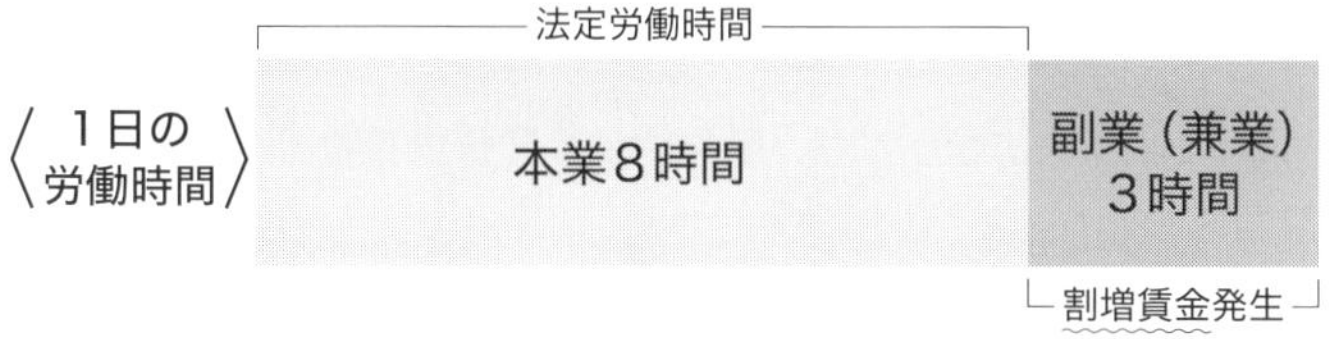
法定労働時間
1日の労働時間
本業8時間
副業（兼業）3時間
割増賃金発生

つまり、副業先の会社で働く３時間すべてに対して割増賃金が発生してしまうということ。

「後から契約した会社が払うこと」（厚労省の通達）

注意　雇用する予定の従業員がすでに別の職場で雇用されている場合

現在の就労状況について確認しておく

現在雇用されている会社での所定労働時間が何時間となっているかを確認。それを踏まえて、自社では何時間「法定労働時間内」で働くことができるかを計算しておく。

注意　従業員に副業・兼業を認めている場合

生産性の確保と秘密保持に注意する

副業や兼業を許すことで、休息時間が減り、生産性が低下することもある。生産性を確保することを約束させ、業務上の秘密などを、副業先に漏らさないように注意してもらう。

の会社等の業務に従事しないこと」としていた従来の文言を削除。代わりに「労務提供上の支障」や「企業秘密漏えい」など一定の禁止条件を設けたうえで、会社に届出を行えば副業や兼業を認めるという表現に改められています。

■就労状況の確認は怠りなく

注意が必要なのは、副業によって法定労働時間を超えた際の割増賃金。労働時間は本業と副業の通算でカウントされるうえ、発生した割増賃金は、後から契約した会社が支払うと考えられています。このため、たとえ1時間の労働でも、割増賃金が発生するケースが。すでに他の会社で雇用されている人を雇う場合は、就労状況の確認が必須です。

人材確保のための新戦略

テレワークの導入を検討する

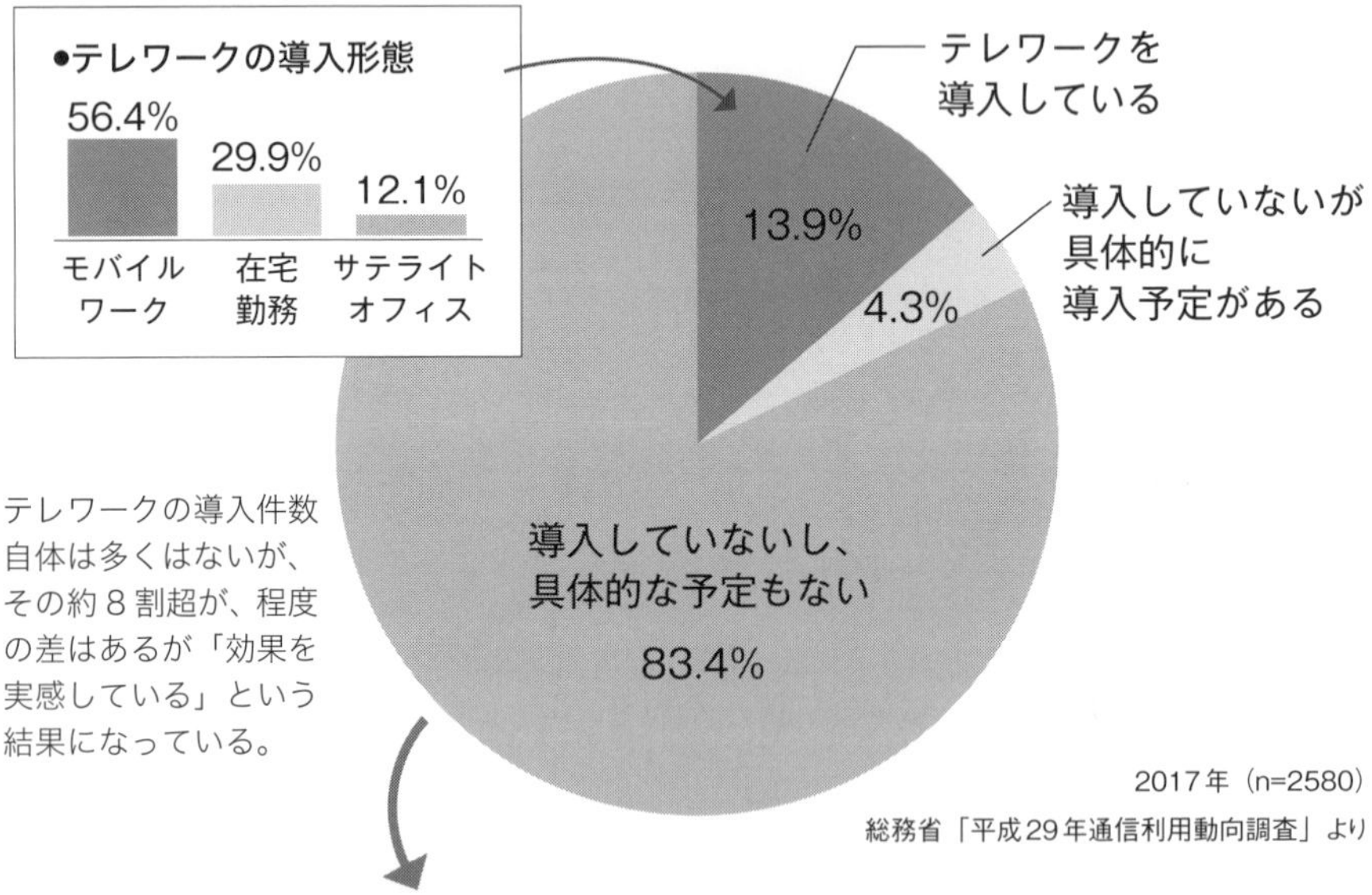
●テレワークの導入形態
56.4%
29.9%
12.1%
モバイルワーク
在宅勤務
サテライトオフィス
テレワークを導入している
13.9%
導入していないが具体的に導入予定がある
4.3%
導入していないし、具体的な予定もない
83.4%
テレワークの導入件数自体は多くはないが、その約８割超が、程度の差はあるが「効果を実感している」という結果になっている。

2017年（n=2580）
総務省「平成29年通信利用動向調査」より

導入効果については24.5%が「非常に効果あり」、57.3%が「ある程度効果あり」という結果になっている

8割以上が効果を実感 企業イメージアップも

テレワークとは、スマホやパソコンなどの情報通信技術を活用し、会社以外の場所で仕事をする労働形態のこと。働き方改革では、場所にも時間にもとらわれない柔軟な働き方のひとつとして、環境整備が進められています。

テレワークには雇用型と非雇用型があり、企業が導入するのは雇用型。ただし、適した職種がないことや情報漏えいなどの観点から、消極的な企業が多いのが現状です。

テレワーク導入のメリットは、育児や介護で時間が限ら

企業にとってのテレワークのメリットは

労働力が確保できる

在宅で仕事ができるため、育児や介護などのために毎日出勤することが難しい人も、労働力として確保できる。

生産性が向上する

オフィスにいるときのように、急な来客や電話応対に中断されることなく、仕事に集中して取り組むことができる。

事業運営にかかるコストが減る

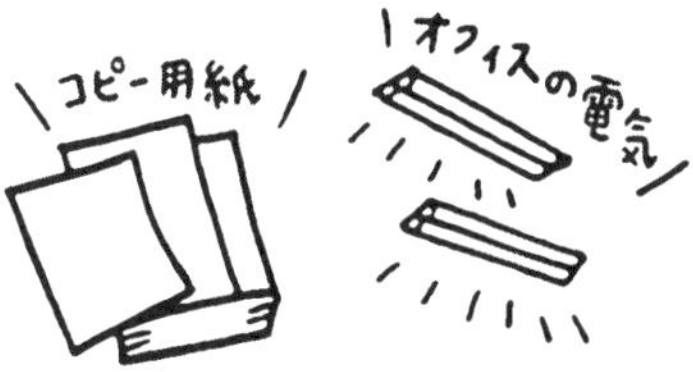

オフィスの電気代をはじめとして、コピー用紙などの備品にかかる費用をカットしたり、節約したりできる。

非常時にも仕事ができる

天災などで交通手段が断たれ、出社できなくなってしまった場合も、在宅で仕事を進めることができる。

れた人にも働いてもらえるので、労働力確保がしやすいこと。また、会社の雑務や電話に邪魔されず、生産性が向上することや、電気代などのコスト削減も期待できます。

一方で、勤務時間の管理や目視での仕事の評価が難しいなどの問題点もあります。厚労省では導入時のガイドラインを示していますから、参考にするとよいでしょう。

導入した企業では、8割以上が効果を実感しているというデータがあります。人材確保だけでなく、企業イメージの向上に役立つという声もあり、今後は新たな経営戦略として注目されています。

テレワークを導入するときのポイント

POINT 1 就業規則を整備する

就業規則の内容を変更するか、個別の規定を新たに作成する

テレワークをさせることが労働契約の内容に含まれるよう、就業規則に規定しなければなりません。規定する項目は左記の通り。

規定の方法としては、現行の就業規則を変更する方法と、新しく作成する方法があります。いずれにせよ、労基署へ届け出なければ効力を持たないので注意しましょう。

〈就業規則の規定〉

【必ず規定すること】
- テレワークを命じることに関する規定

【一定の場合にのみ規定すること】
- テレワーク用の労働時間に関する規定
- テレワーク用の賃金制度に関する規定
- 通信費、通信機器などの費用負担に関する規定
- テレワーク用の社内教育、研修などに関する規定

POINT 2 労働時間をどう考えるか検討

通常の業務と同じようにどのような労働時間制も適用可

テレワークに従事する従業員に対して、どのような労働時間制を適用するかを決めます。

基本的に、通常の労働時間制からフレックスタイム制、変形労働時間制まで、どのようなタイプでも適用できます。導入した企業のうち約7割が、通常の労働時間制を採用していると言われています。

介護などのために業務を中断することが多い場合は、フレックスタイム制の採用がおすすめ。

POINT 3　労働時間を管理する

メールなどで連絡させる

事業主が負う「労働時間の把握義務」（P72参照）は、テレワークで働く従業員も対象となります。基本的には、始業・終業時にメールなどで上長に連絡させることで、把握・記録をすればOKです。

休憩や業務中断状況などについても、業務管理システムなどで細かく把握することが望ましい。

POINT 4　従業員の健康対策を考える

健康診断などを実施する

一般の従業員と同様に、法定の健康診断などを受けさせる必要があります。時間の融通がきくことから、長時間労働につながる可能性も。面接指導の実施も視野に入れましょう。

パソコン業務が多いため、パソコンなどを使った労働衛生上のポイントをまとめたガイドライン（厚労省より発表）に留意。

POINT 5　災害補償保険を整備する

業務が原因なら労災の対象に

テレワークで働く従業員にも、労災保険法が適用されます。在宅勤務中に事故が起こった場合は、発生時の具体的な状況から、労災の適否が判断されます。

「就業時間中」に「業務にかかわる行為」が原因で起こった場合、労災となる可能性が高い。

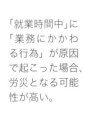

テレワーク導入の不安要素を解消

Q 情報漏えいが起こるのではありませんか？

A 必要最小限機能の端末を支給し、サーバー側で処理・管理を行いましょう

情報漏えいを防ぐために多くの企業で採用されているのが、「シンクライアント型」。専用のアプリケーションをテレワーク端末にインストールし、社内のサーバーに遠隔操作でアクセスしながら作業を行う方法です。データは端末ではなく社内のサーバーに保存されるため、情報漏えいのリスクを減らせます。

〈多くの企業で導入している方法〉

仮想デスクトップ
遠隔
ログイン
保存
データが入っていないため、
紛失・盗難が起きても安心

Q 業務の進行、コミュニケーションに不安があります…

A チャットやウェブ会議など、情報技術ツールを使えば円滑に進みます

チャットやウェブ会議システムなどを使うことで、遠隔地にいながらにしてリアルタイムで会話することができます。

相手のパソコンを遠隔操作したり、相手と同じ画面を見ながら打ち合わせができる情報技術ツールもあります。離れている相手とのやりとりでは、大いに活用すべきでしょう。

離れているからこそ、より注意深くコミュニケーションをとるようになったという声もある。

第3章

高度プロフェッショナル制度

従業員には
時間より成果を求める

これまで問題だったのは何？

優秀な人材が時間に縛られて、自由に働くことができなかった

「高度プロフェッショナル制度」は、簡単に言うとどんな制度？

正式名称は「特定高度専門業務・成果型労働制」。通称「高プロ」。高度な専門的知識を要する業務を対象に、職務の範囲が明確で一定の年収要件を満たす従業員を、労働時間による規制から外す制度だ。つまり、時間外労働手当や割増賃金も発生しなくなる。企業側は、残業代を目的とした〝ダラダラ残業〟のコスト削減や、成果重視による生産性アップを期待している。

「同一労働同一賃金」などに比べて、成立までもめていた印象がありますね？

労働時間の規制を外すということは、いくらでも働かせられるということ。会社の求める成果が過大だと、長時間労働に追い込まれる危険があるからね。

この制度はアメリカの「ホワイトカラーエグゼンプション」をモデルにしたものだが、アメリカでは休暇取得があたり前で、転職も活発。訴訟社会だから権利も主張しやすいのに対し、日本の労働者の立場はそこまで強くない。会社に搾取されるだけという意見が強かったため、休日取得や勤務間インターバルなど「健康確保措置」が講じられ、ようやく成立したんだ。

【一口に労働者といっても働き方はさまざま】

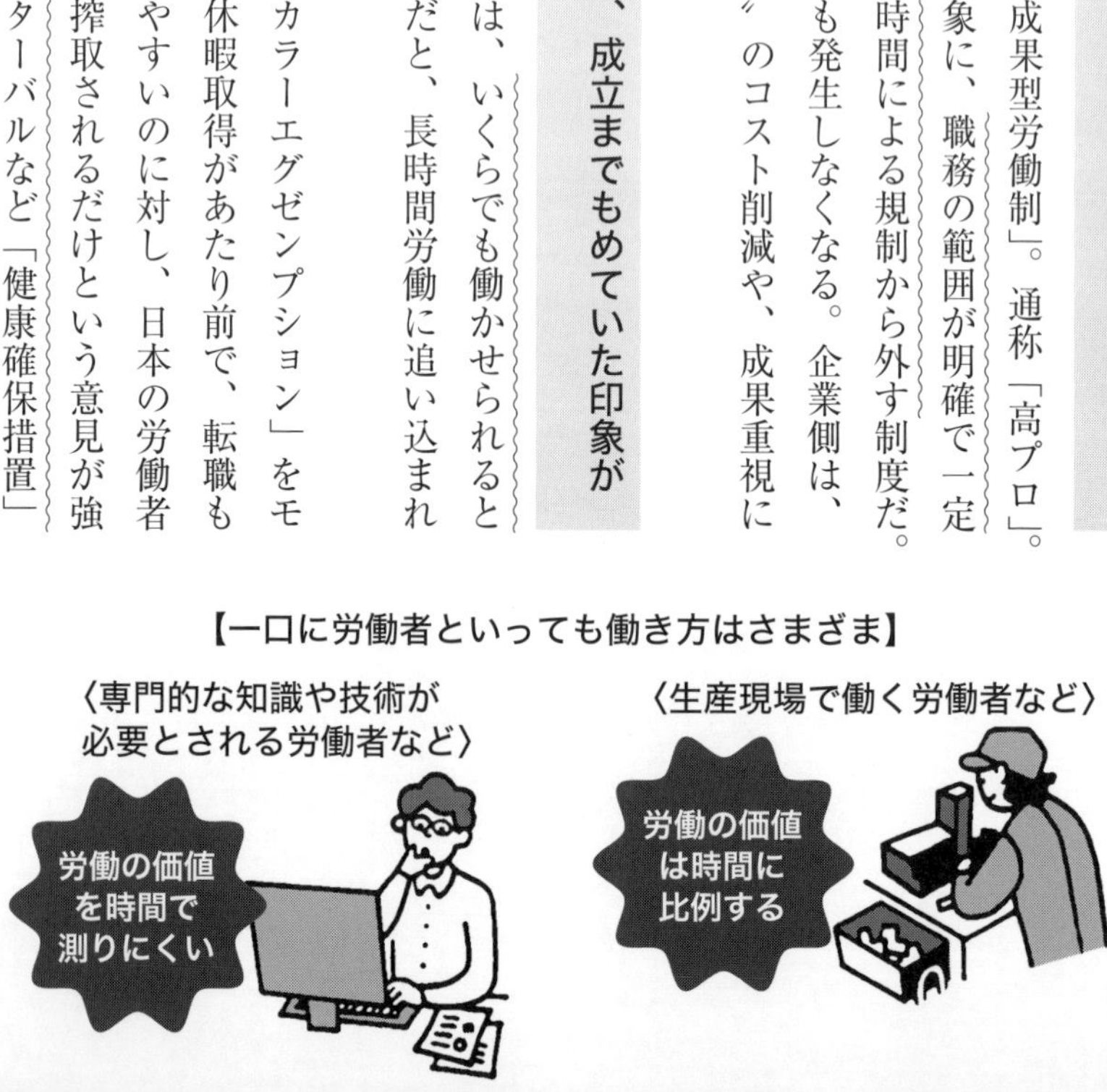
〈専門的な知識や技術が必要とされる労働者など〉
労働の価値を時間で測りにくい
〈生産現場で働く労働者など〉
労働の価値は時間に比例する

「残業代ゼロ法案」とも言われましたが、従業員のメリットは？

外資系企業などで、労働の価値を時間で測りにくい仕事に就き、成果ではなく時間で賃金が決まることが不満だった人たちは、今後、正当に評価されるようになる。働く時間や場所も自由になり、柔軟な働き方ができるメリットもあるよ。ただし従業員自身に生産性を上げる意識がないと、長時間労働につながる恐れもあるね。

似たような制度として「裁量労働制」がありますよね？

裁量労働制の対象拡大は、高プロと同じ理由で反対されて頓挫したけれど、引き続き検討されていく予定だ。時間より成果による評価を求める流れは、今後も変わらないと考えられている。将来成立する可能性もあるから、制度についてはおさらいしておきたいね。

中小企業には無関係な制度に思えますが？

いったん法案が通れば、対象者は省令で変更可能になる。いずれは年収要件も下げられて、より多くの労働者が対象になるとも考えられる。だから関係ないとタカをくくらず、中小企業でも制度を理解しておくことは必須だよ。

というわけで、
大企業でも中小企業でも
2019年4月から
導入されます！

何が変わるの?

高収入の専門職は労基法に縛られない

Q 高収入で専門職なら、誰に対しても適用できる?

A いいえ。対象業務と対象者は限定されています。

労働基準法の原則がすべて適用されない

要件を満たす従業員に限り、労働時間も残業代も、すべてを取り払った働き方が認められる。

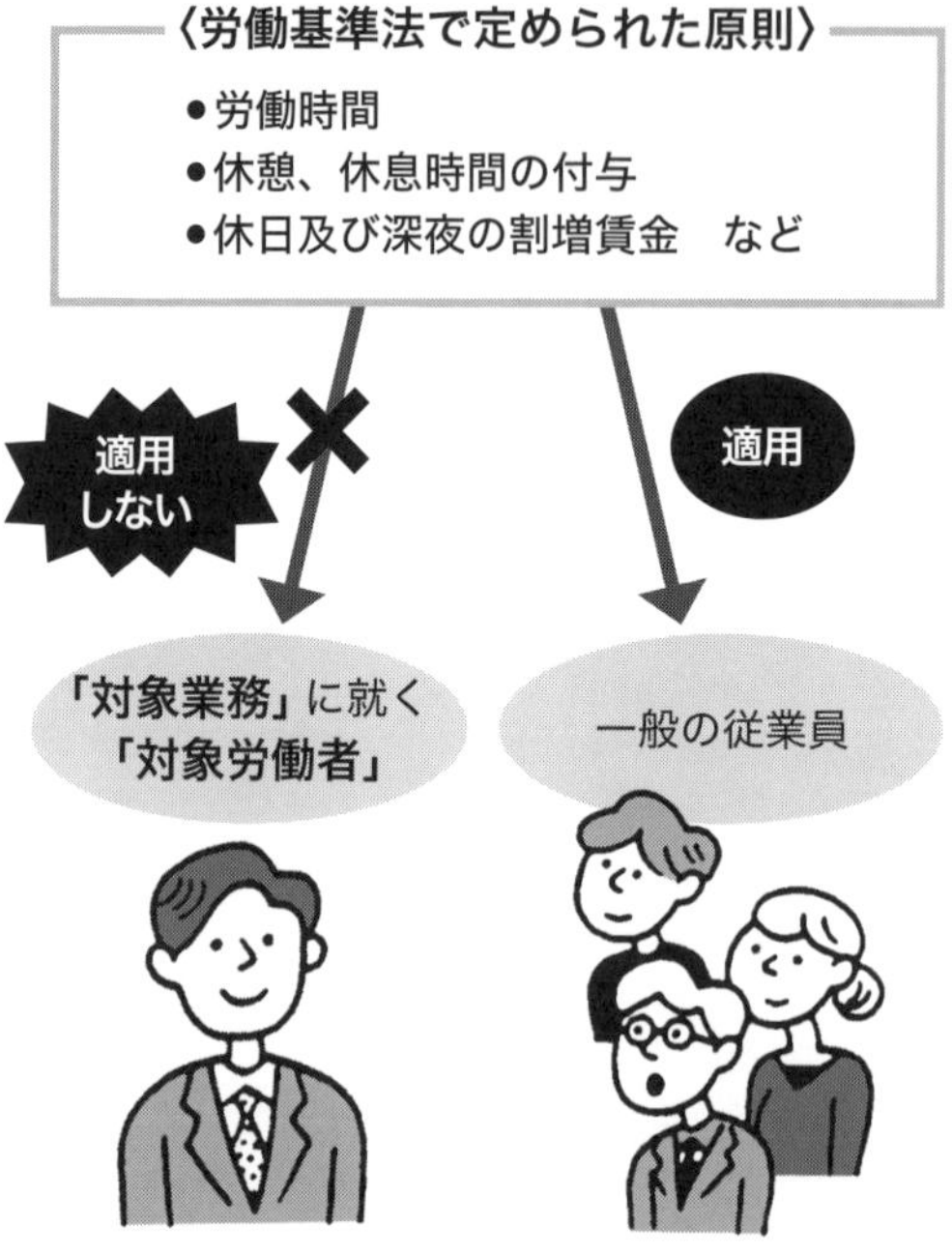
〈労働基準法で定められた原則〉
●労働時間
●休憩、休息時間の付与
●休日及び深夜の割増賃金　など
適用しない
適用
「対象業務」に就く「対象労働者」
一般の従業員

高度プロフェッショナル制度は、対象となる従業員に対して、労基法で定めた時間管理による規制を適用除外とする制度です。このため、法定労働時間を超えた場合の賃金はもちろん、休日・深夜割増賃金も発生しなくなります。

対象となる業務は厚生労働省令で定められ、現在は5つの業務に限定されています。

ただし、改正法に記された「高

郵 便 は が き

料金受取人払郵便

代々木局承認

6948

差出有効期間
2020年11月9日
まで

1 5 1 8 7 9 0

203

東京都渋谷区千駄ヶ谷 4 - 9 - 7

(株) 幻 冬 舎

書籍編集部宛

1518790203

ご住所 〒 都・道 府・県	
	フリガナ お名前
メール	

インターネットでも回答を受け付けております
http://www.gentosha.co.jp/e/

裏面のご感想を広告等、書籍の PR に使わせていただく場合がございます。

幻冬舎より、著者に関する新しいお知らせ・小社および関連会社、広告主からのご案内を送付することがあります。不要の場合は右の欄にレ印をご記入ください。

不要 □

本書をお買い上げいただき、誠にありがとうございました。
質問にお答えいただけたら幸いです。

◎ご購入いただいた本のタイトルをご記入ください。

『　　　　　　　　　　　　　　　　　　　　　　　　　　　　　　』

★著者へのメッセージ、または本書のご感想をお書きください。

●本書をお求めになった動機は？

①著者が好きだから　②タイトルにひかれて　③テーマにひかれて
④カバーにひかれて　⑤帯のコピーにひかれて　⑥新聞で見て
⑦インターネットで知って　⑧売れてるから／話題だから
⑨役に立ちそうだから

生年月日	西暦　　　年　　月　　日（　　歳）	男・女	
ご職業	①学生	②教員・研究職	③公務員	④農林漁業
	⑤専門・技術職	⑥自由業	⑦自営業	⑧会社役員
	⑨会社員	⑩専業主夫・主婦	⑪パート・アルバイト	
	⑫無職	⑬その他（　　　　　　）		

このハガキは差出有効期間を過ぎても料金受取人払でお送りいただけます。

ご記入いただきました個人情報については、許可なく他の目的で使用することはありません。ご協力ありがとうございました。

◯ **対象業務**　高度の専門的知識などを必要とし、それに従事した「時間」と、そのことで得た「成果」との関連性が高いと認められる業務。

例）
- ・金融商品の開発業務
- ・金融商品のディーリング業務（ディーリングとは、証券会社や銀行などで、自社の資金を使って株式、債券、為替などの売買取引を行う業務のこと）
- ・アナリストの業務（企業・市場などの高度な分析業務）
- ・コンサルタントの業務（事業・業務の企画運営に関する高度な考案または助言の業務）
- ・研究開発業務　など

◯ **対象者**

要件は下記の２つ。そのためには、上記の対象業務のなかでも、具体的にどのような仕事を担当する者を適用除外とするか決めておく。また、適用除外とするには労使間の合意も必要。

① どの職務に就いているか明確に定められている

② 見込まれる１年あたりの賃金額が、基準年間平均額の３倍を相当程度上回る

↓

2015年の報告では、年収が1075万円以上であることとされている

「対象業務」は現時点で「例」としてあげられているもの。これから具体的に決まります。発表されたら要チェックです。

度の専門知識などを必要」とする業務はこれらに限られるものではないため、経団連では研究職や技術職、市場調査担当、ソリューション型ビジネスの担当者など、対象業務のさらなる拡大を政府に求めています。

■目安は年収１０７５万円以上

対象業務に携わる者のうち、対象となる人の条件は、「使用者との間で職務が明確に定められていること」及び「年収が労働者平均給与の３倍を相当程度上回ること」の２つ。

年収については、１０７５万円以上が想定されていますが、法律上は具体的な金額が定められているわけではなく、省令によって変わる可能性があります。

何が変わるの?

「労働時間」という概念がなくなる

Q 「みなし労働時間制」や「裁量労働制」とはどう違うの?

A 「時間に関係なく賃金を決める」という点が、大きな違いです。

時間に縛られない働き方には、高度プロフェッショナル制度以外にも、「事業場外のみなし労働時間制」と「裁量労働制」があります。

　事業場外のみなし労働時間制は、外回りの営業のように会社の外で、労働時間の管理が難しい業務が対象。1日の労働時間を8時間としたら、実働時間が7時間でも9時間でも8時間働いたとみなします。

実質の労働時間に縛られない制度はこれまでもあった

実労働時間に関係なく、「みなし時間」で賃金を決める働き方は2種類あった。

◯ 事業場外のみなし労働時間制とは

会社の外で働く業務に限り、労働時間を把握するのが難しい場合について、所定労働時間働いたものと「みなして」賃金を計算する制度。労働時間を把握できる場合は認められない。

今日は○件だから
時間がかかりそう…

所定時間7時間なら、
5時間の日も
8時間の日も7時間!

【認められない例】
- 携帯電話で逐一業務報告をしている
- 会社が決めたスケジュールに沿って動いている
- 上司の指示のもとで働いている　など

○ 裁量労働制とは

業務の性質上、仕事の進行や時間配分を、従業員本人の裁量に委ねなければならない場合に認められる制度。実労働時間にかかわらず、みなし時間で賃金が計算される。

明日からはこの案件がスタートするから忙しくなりそうだ

所定時間８時間なら、
６時間の日も
９時間の日も８時間！

〈裁量労働制には２種類ある〉

専門業務型裁量労働制
→ P102へ

企画業務型裁量労働制
→ P104へ

どちらも〝労働時間〟を決めておくという点が、高度プロフェッショナル制度とは異なります

賃金を決める基準として、「労働時間」があるのは変わらない。高度プロフェッショナル制度は、その基準すら取り払ってしまう〝新しい働き方〟と言える。

裁量労働制は、時間管理が難しく、従業員自身に管理を委ねるのが必要とされる場合が対象。対象業務は限定的です。

■ 高プロは全く新しい制度

どちらも時間に縛られない働き方とはいえ、所定の労働時間を働いたと「みなして」算定されるところは同じ。つまり賃金算定の基本が労働時間にあることは変わらず、法定労働時間を超えれば割増賃金も発生します。他にも成果型賃金制度はありましたが、一定の割増賃金は生じていました。

　ところが高度プロフェッショナル制度は、完全に労働時間の概念を取り払った制度。成果のみで評価する、全く新しい制度です。

何が変わるの?

労働時間の把握と休日付与が必須

Q 労働時間が関係ないなら、会社が把握する必要もないですよね?

A 従業員の健康を守るために、把握が義務づけられています。

高度プロフェッショナル制度は時間の概念を取り払った働き方ですが、求められる成果によっては長時間労働の強制になりかねません。このため改正法では、労働者の健康を守るいくつかの措置を定めています。

どの企業も守るべき原則は、上記で示すように2つあります。「決められた休日の付与」と、「健康管理時間の把握」です。

従業員に対して絶対に守るべき要件が2つある

従業員の健康を守ることは企業の責務。そのための措置を講じなければならない。

要件❶ 決められた休日を与えなければならない

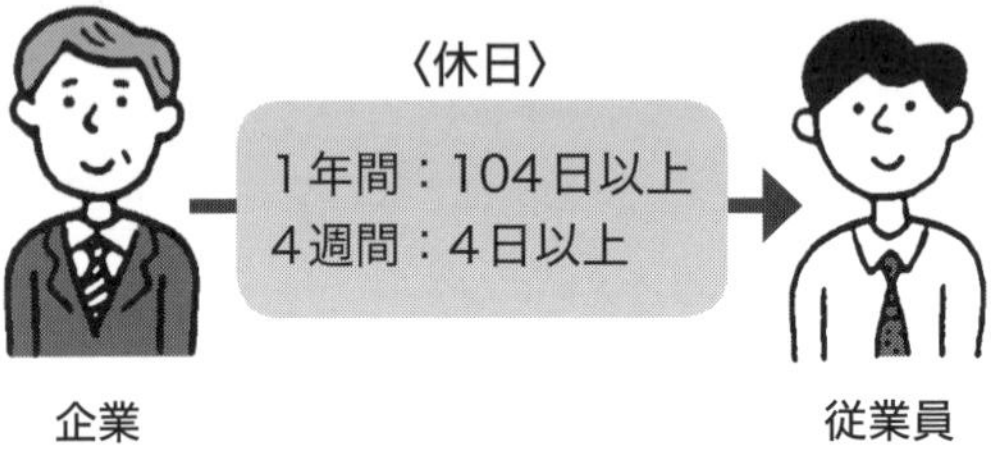

対象業務に従事する対象者に対して、1年のうちに104日以上、4週間を通じ4日以上の休日を与えなければならない。

労働基準法では、1週間につき1日以上の休みが必要。しかしこれなら、1ヵ月のうち前半の2週間は休みなし、後半の2週間は週休2日で働かせることが可能になります。

要件❷ 働いた時間を把握しなければならない

たんなる「在社時間」ではなく、実質働いた時間を把握しなければならないことに注意。長時間に及んだ場合は面接指導を受けさせなければならないので、誤りなく計算を。

社内にいた時間 ＋ 社外で労働した時間 ＝ 健康管理時間

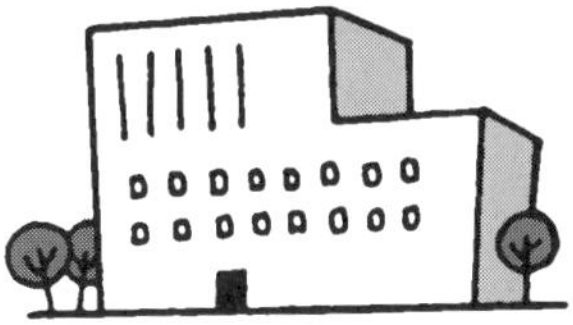

〈把握方法〉

一般的な労働時間を把握するとき（P72参照）と同様、自己申告でなく、客観的な方法で把握するのが原則とされる。

〈把握方法〉

原則として客観的な把握が必要。ただし、社外で労働する場合に限って、「自己申告」を求める旨を規定しておく。

健康管理時間の把握は、賃金計算ではなく、従業員の健康を守るために行われます。健康管理時間を把握する具体的な方法などは、労使委員会の決議によって決まります。

詳細は「労使委員会」を作って決定しなければならない（P98参照）

■労働時間情報の提示義務も

健康管理時間とは、会社内外の合計労働時間。時間にとらわれない制度に「労働時間」という言葉は適さないので「健康管理時間」と言います。

把握方法はタイムカードやパソコンの起動時間など客観的方法を用い、高プロ導入時に労使委員会で決議します。

高プロは時間賃金対象外なので、企業に労働時間把握義務はないと勘違いされがちです。けれども長時間労働になるリスクは高く、その場合には労働時間などの情報を提示して、産業医の面接指導を受けさせる義務が生じます。高プロといえども、従業員の健康を守るのは企業の責務です。

何が変わるの?

4つのうちひとつの健康確保措置を選ぶ

Q 従業員に対してしなければならないことはある?

A 健康確保措置を選択して、実施しなければなりません。

高度プロフェッショナル制度を導入する場合、「休日付与」と「健康管理時間の把握」に加えて、企業は以下の4つの健康確保措置のうちひとつを選んで実施することになっています。

①終業から始業の間に一定の休息時間を義務づける勤務間インターバル制度を導入する。

②労働時間に上限を設ける。

③年1回以上2週間連続の休日を

長時間労働で脅かされる従業員の健康を守る策とは

高度プロフェッショナル制度の法案成立の際、この健康確保措置が条件としてつけられた。

① 勤務間インターバル制度を導入する

まず、終業から始業の間に、一定の時間以上の継続した休息時間を確保。さらに午後10時〜午前5時までに働く「深夜業」の回数を、1ヵ月につき一定の回数以内にしなければならない。

夜間の休息時間を確保する
「一定の時間」や「一定の回数」については、審議会で検討されたのちに詳しく定められる予定です。省令の発表を待ちましょう。

② 労働時間に上限を設ける

健康管理時間が1ヵ月または3ヵ月について、一定の時間を超えない範囲とする。「一定の時間」は、法案成立後に審議会で検討され、具体的に決定される予定。

1カ月
〇時間
3カ月
〇時間
“働かせ放題”にしない

③ 年に1回以上の連続休暇を与える

1年に1回以上、継続した2週間の休日を与える。ただし、その期間に年次有給休暇を与えた場合、その日は除かれる。なお、従業員から希望があれば、1週間の休日を年2回与えてもよい。

例）与えた2週間の休暇期間中に、従業員が有給休暇を取得した場合は、その日数分延長させて与える

しっかり休ませる

④ 臨時の健康診断を実施する

健康管理時間の状況やその他の事情が省令で定められた要件（下記「対象となる人」参照）に該当する場合に、健康診断（省令で定める項目を含むもの）を受けさせる。

（対象となる人）

・健康管理時間が1週間あたり40時間を超え、その超過時間が月80時間を超えた場合。または、本人から申し出があった場合。

・疲労の蓄積や心身の状況などから必要と認められる場合

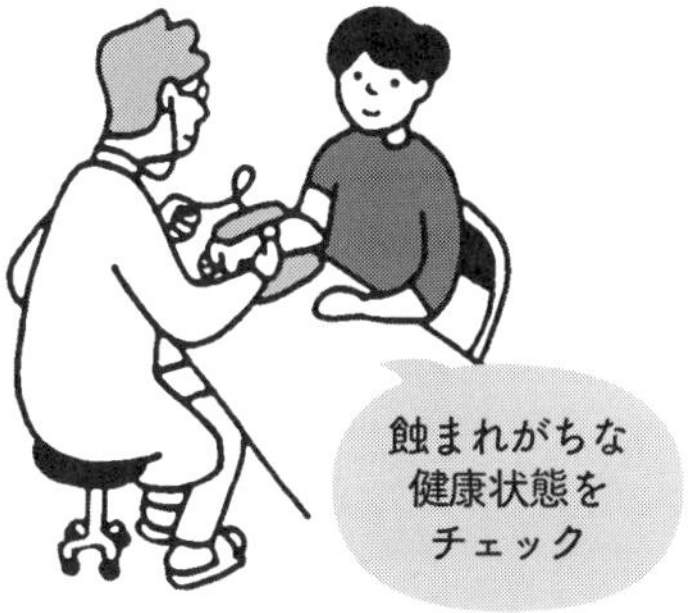
蝕まれがちな健康状態をチェック

与える。

④厚労省の要件に該当する労働者に対し、定期健康診断とは別に健康診断を行う。

企業はこの中からひとつ選び、実施状況を行政官庁に報告しなければなりません。

■労災を防ぐためにも対策を

各々の措置については上記で説明していますが、勤務間インターバルや労働時間の上限規制、長期休暇は、時間の枠を取り払う高プロの概念とは逆行する制度であり、企業が選択する可能性は低いと言えます。

このため多くの企業は健康診断を選ぶとみられ、労働組合は健康確保措置の有名無実化を恐れています。

何が変わるの？

長時間働く従業員に面接指導を実施

Q 従業員から希望がなければ実施しなくてもいい？

A 一定時間以上働いた従業員には、実施しないと罰則もあります。

高プロが適用される従業員の健康確保措置には、有給休暇の付与と健康診断の実施なども加えられています。注意したいのは、一定の労働時間を超えた場合、医師の面接指導が強化された点です。

医師の面接指導とは、一般の健康診断とは異なり、産業医などによる問診その他の方法で従業員の健康状態を把握し、適した措置を講じるというもの。長時間労働で

長時間働く従業員に実施する面接指導とは

面接指導は通常の健康診断とは異なる。従業員からの申し出に応じるケースも。

面接指導　　健康診断

えーっと
健康状態はどうですか？
業務で困っていることは？
血圧測定
体重測定

面接指導：体調や気分について、問診を中心に調査。実施した結果は会社へフィードバック。

健康診断：主に全身状態について、測定・診断。１年に一度は定期診断を行わなければならない。

[従業員から申し出られる場合もある]

- 時間外・休日労働が80時間を超え
  かつ
- 疲労の蓄積が認められるもの

○ 高度プロフェッショナル制度の対象者にも面接指導は必須

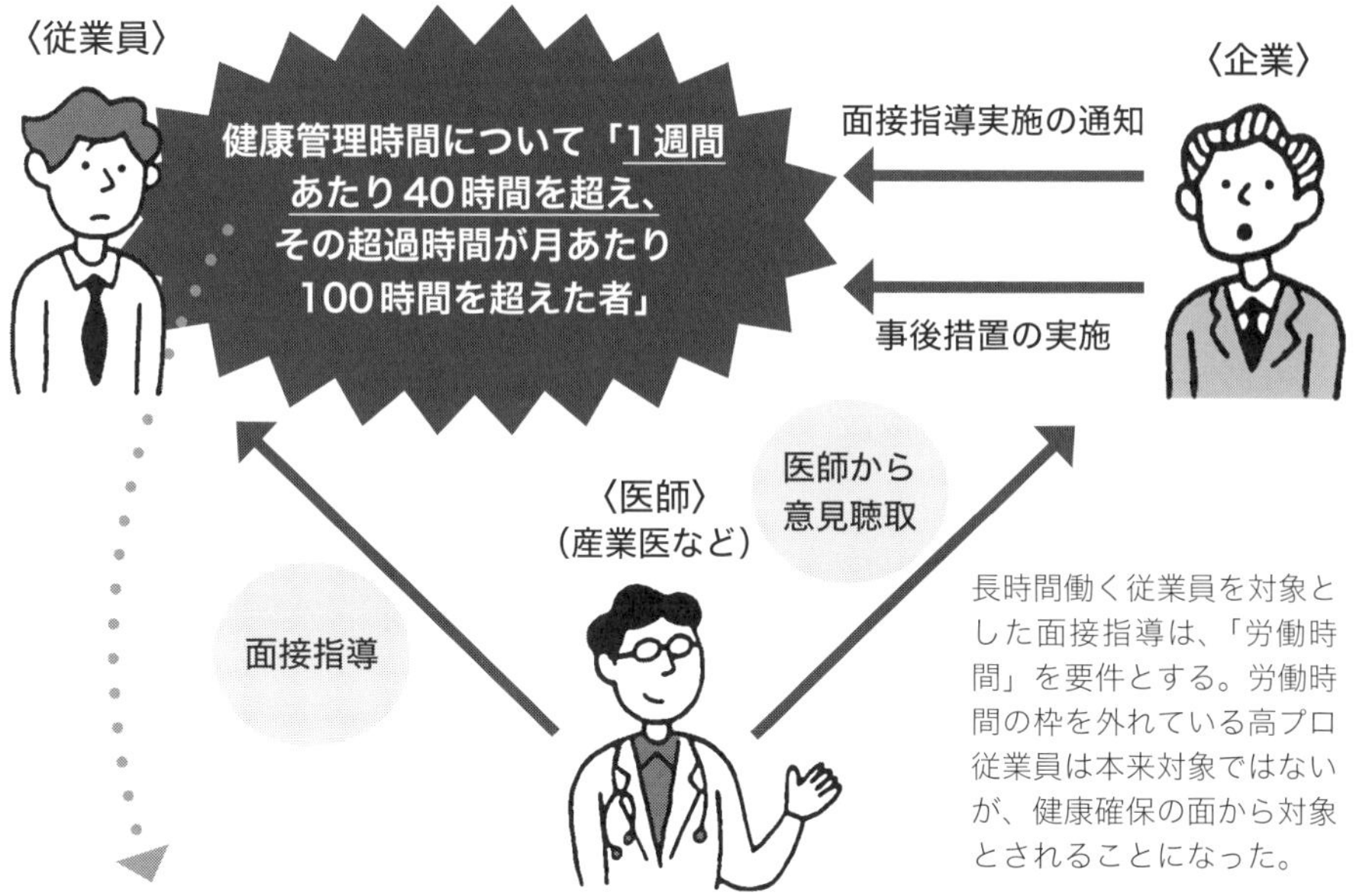
〈従業員〉
健康管理時間について「1週間あたり40時間を超え、その超過時間が月あたり100時間を超えた者」
〈企業〉
面接指導実施の通知
事後措置の実施
医師から意見聴取
〈医師〉（産業医など）
面接指導
長時間働く従業員を対象とした面接指導は、「労働時間」を要件とする。労働時間の枠を外れている高プロ従業員は本来対象ではないが、健康確保の面から対象とされることになった。

[算定方式]

1週間あたり40時間を超えた健康管理時間数

＝ 1ヵ月の総健康管理時間数 －（計算期間（1ヵ月間）の総暦日数／7）× 40

算定方式は、長時間働く従業員への面接指導に倣った場合。詳しくは通達で明かされます。

疲労がたまった従業員が対象です。

■面接指導を怠れば罰則も

そもそも、高プロが適用されない従業員においても、一定時間以上働いた従業員から申し出があった場合には医師の面接指導が義務づけられており、法改正に伴ってこれまで月１００時間だった面接指導実施の基準が、80時間に引き下げられる予定です。

高プロの場合、対象となるのは健康管理時間が週40時間を超え、その超過時間が月１００時間を超えた従業員。本人の申し出にかかわらず実施義務が生じます。

企業は面接の結果を医師から聴取し、それに基づいて事後措置を行います。違反すると、罰則が科されます。

何が変わるの?

従業員に拒否されたら適用できない

Q 残業代がかさむ従業員に適用すれば、コスト削減できますね。

A 制度の適用には、従業員の同意が必要。勝手に適用はできません。

高プロ導入までの流れは上記で詳しく説明していますが、基本となるのは「労使委員会の決議」と「対象者の同意」です。

まず企業は、労使の代表で労使委員会を設立。この委員会は「企画業務型裁量労働制」導入時の委員会に準じたものです（P107参照）。

設置された労使委員会は、対象となる従業員や業務、健康管理時

高プロ制度を導入するには対象者の同意が必要

労使委員会での決議に加えて、従業員本人の同意も欠かせない。

STEP 1 労使委員会を設置、運営する

〈労使委員会〉

会社
従業員
従業員
従業員

会社及び従業員を代表する者で構成する

委員会が満たすべき要件

- 委員の半数は、労働組合がある場合は労働組合、ない場合は従業員の過半数を代表する者に、任期を定めて指名されていること
- 議事録を作成、保存し、従業員に周知する
- その他、厚生労働省令で定める要件

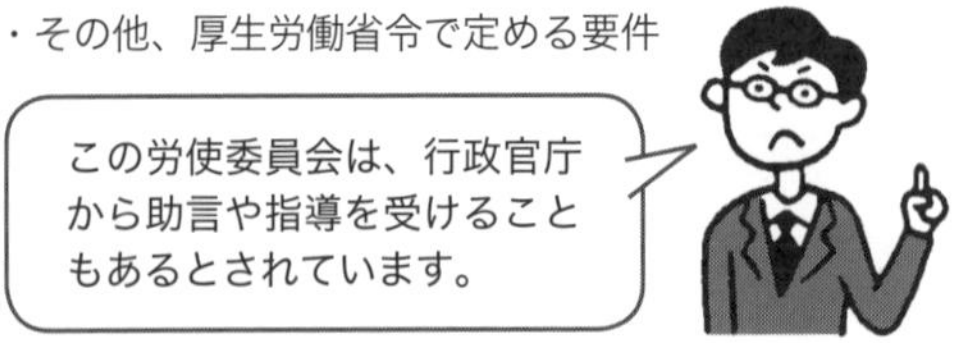

この労使委員会は、行政官庁から助言や指導を受けることもあるとされています。

STEP 2　5分の4以上の多数で決議する

導入の際に決議すべき内容は以下の通り。委員会ではこの内容について5分の4以上の多数による決議が必要となります。

〈決議すべき内容〉

- 対象業務の範囲
- 対象従業員の範囲
- 同意を撤回するときの手続き
- 健康管理時間を把握すること、その把握方法
- 健康管理時間に基づく健康・福祉確保措置の実施
- 苦情処理措置の実施
- 対象従業員の不同意に対する不利益取り扱いの禁止
- その他、厚生労働省令で定める事項

STEP 3　決議をわかりやすく周知する

決議した内容は、見やすい場所に掲示するか、書面の交付などによって、従業員に周知する必要があります。

5分の4以上の決議

↓

行政官庁へ届け出る

↓

対象者の同意を得る

↓ 導入後…

下記の3つについて、実施状況を行政官庁へ報告しなければならない。

① 休日
② 健康確保措置
③ 健康管理時間に応じた健康及び福祉を確保するための措置

③の実施から6ヵ月後に報告

間などについての決議を行います。対象従業員からの苦情処理や、制度適用に同意しない対象者が不利にならないようにする措置についても決議します。また、この制度には、いったん同意した従業員が撤回する権利もあります。その際の手続きも決めておきます。

■ 導入後の運用も怠りなく

決議には5分の4以上の賛成が必要です。決議後は行政官庁に届け出をし、内容を各職場に掲示するなどして周知を図ります。

従業員に適用する際には、本人の同意を得ることが義務づけられています。さらに導入後には、行政官庁に対する健康確保措置などの状況報告に加え、実施状況の記録保存も義務づけられています。

会社はどうする？

賃金設定と時間管理を工夫する

Q 健康管理など、会社の責任もある意味重くなるのでは……？

A その通り。労使紛争を避けるためにも、導入時にはしっかり対策を！

高度プロフェッショナル制度を導入するための３つの対策

新しい働き方であるがゆえに、起こり得る事態を想像して、慎重に対策を検討しよう。

今は
大きな成果は
あげていない
けれど…

1 どんな成果に賃金を払うか検討する

時間ではなく「成果」を評価基準として、新しい賃金体系を作る。成果は目で見えづらいものだが、長い目で見たときの達成度、貢献度に注目して評価する。賃金設定の根拠は個別の契約書として書面にしておくといい。

大ヒットで
会社へ貢献！
ありがとう !!

　高度プロフェッショナル制度は生産性向上がねらいですが、前述のように、長時間労働による健康被害も懸念されています。このため、企業が効率ばかり優先させては、従業員にストレスや不満がたまってしまいます。

　そこで何よりも、従業員が意欲的に働ける賃金体系を整えることが大事。それには、高プロという「時間の概念のない新たな賃金体

2 後々もめないために時間管理の方法を工夫

社外で働いた時間は自己申告制でよいが、本人からの申告に加え、パソコンの使用時間も入手。2つのデータから補正したものを、健康管理時間算定に使うと安心。

3 健康管理は自発的に対策を

面接指導が必要となる時間は、「過労死ライン」を超えている。労働安全衛生法にある従業員の健康管理についての規定を踏まえ、早めに自発的な対策を。

過労死ライン

◆発症前1ヵ月に残業がおおむね100時間
◆発症前2ヵ月間ないし6ヵ月間にわたって、1ヵ月あたりの残業がおおむね80時間を超える

厚生労働省は、「月の残業が上記のどちらかの条件を満たすような場合、業務と発症（脳卒中や心筋梗塞）の関連性が強いと評価できる」と通達しています。

対策例1

深夜労働に従事する従業員には、定期的に健康診断を受けさせ、結果を提出させる。

対策例2

脳卒中や心筋梗塞など、職業病と認識されている一定の疾病にはとくに注意する。

系」のあり方をよく考える必要があります。

何をどう評価するのか、成果と基準を明確にします。個々の成果目標と賃金設定を記した契約書を作り、1年ごとに制度の適用を検討してもいいでしょう。

■健康管理は先回りして対策を

注意したいのは、健康管理。制度適用の従業員が医師の面接指導の対象となるのは、すでに過労死ラインを超えたときです。企業は法律の規制にこだわらず、従業員の健康状態を先回りしてチェックする必要があります。

こうした作業には手間も時間もかかりますが、初めにきめ細かい制度を整えておくことが、労使紛争を避けるには不可欠です。

注目されている！

一部の専門家が対象の「専門業務型裁量労働制」

Q どんな業務が対象になるの？

A 本人の裁量に委ねなければならないような専門業務が対象となります。

対象業務内で本人の裁量で働いている場合に適用

専門業務型裁量労働制は、以下の対象業務かつ、自分の裁量で働く者に適用されます。

【対象となる業務は19種類】

① 新商品・新技術の研究開発、または人文科学・自然科学の研究
② 情報処理システムの分析または設計
③ 新聞・出版事業の記事の取材・編集、または放送番組制作の取材・編集
④ 衣服、室内装飾、工業製品、広告などの新たなデザイン考案
⑤ 放送番組、映画などの制作の事業におけるプロデューサーまたはディレクター
⑥ コピーライター
⑦ システムコンサルタント
⑧ インテリアコーディネーター
⑨ ゲーム用ソフトウェアの創作の業務
⑩ 証券アナリスト
⑪ 金融商品の開発
⑫ 大学における教授研究の業務
⑬ 公認会計士
⑭ 弁護士
⑮ 建築士
⑯ 不動産鑑定士
⑰ 弁理士
⑱ 税理士
⑲ 中小企業診断士
高度プロフェッショナル制度と同様、時間に縛られない働き方に「裁量労働制」があります。法改正では、この制度の対象業務の拡大を目指しましたが、根拠となるデータの不備が指摘されたため法案から削除され、検討中となっています。

　裁量労働制は、従業員に時間管理を委ねる制度。専門業務型と企画業務型があります。ここでは専

◯「具体的な指示を出さないこと」が条件

本人に裁量が委ねられ、上司などから具体的に指示を受けないことが条件です。

CASE_❶

上司から急ぎの案件を指示されたり、会議への出席を義務づけられたせいで、自分が担当する案件を自由に進めることができない。

CASE_❷

出退勤時刻を守るよう指示され、遅刻すると注意される。また、遅刻・早退があった際には、有給休暇をそれにあてるように言われる。

→

業務の進行方法や進める順番、出退勤時刻などについて、指示を受けたり、規制されたりする状況では、本人の裁量に委ねられているとは言えず NG。

CASE_❸

担当するある業務について、上司が直接取引先に出向いて交渉し、その業務の納期やギャランティーについて決定した。

CASE_❹

担当している業務の進捗状況について逐一報告させられるが、それによって自分のスケジュールを変更したり、影響を受けることはない。

→

納期やギャランティーについては、具体的な指示ではないため、上司が決めてもいい。スケジュールも本人の思い通りに進められるなら、報告させても問題ない。

門業務型について説明します。

専門業務型の対象は、上記の19業務。これらの業務は性質上、進行や時間配分を従業員に委ねる必要があるとされるため、実労働時間にかかわらず、あらかじめ定めた時間を労働時間とみなします。また、休憩時間や、休日・深夜の割増賃金は、一般の従業員と同じ規定です。

■対象外となるケースに注意

ただし対象業務に就いていても、上司などが仕事の進行に具体的な指示を出していると、従業員本人に裁量があるとは認められず、対象にはなりませんから注意してください。制度導入には労基署への届け出が必要とされています（P106参照）。

注目されている!

対象拡大の見込み？「企画業務型裁量労働制」

Q どんな従業員が対象になるの？

A 会社の中枢で企画、立案などに携わるホワイトカラーが対象です。

対象業務だけでなく対象者や部署も限定

対象業務に就く者であれば誰でもいいというわけではなく、さらなる要件が設定されている。

【主な対象業務】

- 経営企画の担当部署が経営計画を策定
- 新たな社内組織の編成
- 新たな人事制度の策定
- 社員の教育、研修計画の策定
- 財務計画の策定
- 広報の企画、立案
- 全社的な営業計画の策定
- 全社的な生産計画の策定

主な対象業務は左記の通り。かつ、下記の要件を満たしている場合のみ対象となる。

対象者
対象業務に常時従事し、遂行する知識や経験のある者。

対象業務
運営、企画、立案、調査、分析で、遂行にあたって従業員の裁量に委ねる必要のある業務。

対象部署
本社・本店のほか、会社の運営にかかわる決定が行われる支社、支店など。

企画業務型裁量労働制は、専門業務型と同じように、時間の管理を従業員に委ねる制度ですが、対象とする従業員の範囲と導入手続き（P107参照）が異なります。

企画業務型の対象は、「事業の運営に関する事項についての企画、立案、調査及び分析の業務」。ここで言う「事業の運営」とは企業の中枢業務にほかなりませんから、現状では、本社や本店の従業員に

◯ 使用者から指示される立場なら認められない

専門業務型と同じように、上司などから指示される立場にある場合は認められない。

CASE_❶

広報の企画・立案にかかわる業務（対象業務）に就いているが、まだ日が浅いため、ベテランの上司の指示を仰ぎながら業務を進めている。

CASE_❷

都心にある本社から具体的な指示を受けて、個別の営業活動のみを行っている部署において、新たな社内組織を編成する業務に就いている。

→

対象業務に就いているとしても、上司の具体的な指示を受けて動いている場合や、本社の指示のもとで業務を行っている支店などでは導入できません。

CASE_❸

本社で社員の教育や研修計画を策定する業務に5年以上就いており、上司などの指示がなくても業務を適切に進められる力量を備えている。

CASE_❹

本社ではない工場だが、ある特定の製品について、海外における事業戦略を策定する業務に就き、上司などの指示なく業務を行っている。

→

CASE3 は、対象となる要件をすべて満たしています。
CASE4 は工場ですが、事業の運営に影響を及ぼす業務を、自らの裁量で進めているため、認められます。

限られると考えられています。
また、この業務であっても、新人などは裁量が委ねられないため、対象外になることもあります。

■対象が拡大すれば影響大

現在、この制度で見直しが検討されているのは、対象業務の拡大について。現行の「企画・立案・調査・分析」業務に加え、新たに①法人顧客などに対する「課題解決型提案（ソリューション）営業」と、②全社レベルでの品質管理サイクル（PDCA＝計画→実行→評価→改善）という、2業務の追加が検討されています。これらの業務は全社的にかかわる場合が多く、裁量労働制には年収要件も設けられていません。改正されれば影響も大きいと考えられます。

注目されている!

裁量労働制の導入には手続きが必要

Q 会社が決めれば導入できるの?

A 労使の合意が必要。とくに「企画業務型」はハードルが高いです。

同じ裁量労働制でも、専門業務型と企画業務型では、上記のように導入手続きは大きく異なります。まず、専門業務型。労使協定を結んだうえで、対象業務やみなし時間などを定め、労基署に届け出れば導入可能です。

一方の企画業務型では、当該部署に、労使双方の代表からなる労使委員会を設置する必要があります。

専門業務型、企画業務型、それぞれ手続きが異なる

企画業務型の手続きの方が煩雑だが、どちらも労使の合意を得なければならないのが共通点。

○ 専門業務型裁量労働制の導入要件

1. 労使協定を結び、労働基準監督署に届け出る

↓

2. 対象業務、みなし時間などを決める
   労働時間に応じて実施する健康確保措置や苦情処理の方法なども決めておく。

↓

3. 「対象業務を行う手段や時間配分などに対して、具体的な指示をしない」という旨を協定に盛り込む

→ 実施

労使協定の有効期間は、3年以内に設定するのが望ましいとされています。

○ 企画業務型裁量労働制の導入の流れ

専門業務型と同じく、決議の有効期間は３年以内とするのが望ましいです。

1 労使委員会を設置する

「委員の半数は、職場の過半数の従業員が加入する労働組合に使命された者」などの決まりがある。

↓

2 労使委員会で決議する

【決議事項】

- 対象業務の範囲
- 対象者の範囲
- 労働したものとみなす時間
- 対象者の健康、福祉を確保するための措置について
- 対象者からの苦情の窓口などの設置
- 制度の適用について対象者から同意を得ること、また、同意しなかった対象者への不利益な取り扱いを禁止すること
- 決議の有効期間
- 制度の実施状況にかかわる記録を保存する

↓

委員の５分の４以上の賛成

↓

3 決議を労働基準監督署に届け出る

↓

4 対象者の同意を得る → 実施

導入後は…

＊６ヵ月以内ごとに１回は労基署に報告

対象者の労働時間の状況や、健康確保措置の実施状況について、所定様式で報告する。

＊有効期間ごとに決議が必要

労使委員会は、対象業務や対象者、みなし時間などについて決議。可決には委員の５分の４以上の賛成を要します。

決議後は内容を労基署に届け出、対象者の同意を得て制度を開始します。運用中には状況を少なくとも半年ごとに労基署に報告することになっていますが、改正案では簡素化も目指しています。

■ 導入時は手続きを確認して

企画業務型は対象が限られるうえ、手続きも煩雑なので、導入している企業は少なく、小さな会社ではほとんど使われていません。

専門業務型・企画業務型ともに、導入の要件や手続きについては厚労省のＨＰやリーフレットで詳しく説明されています。

今すぐ実態を確認！

外注業者とうまく付き合うために

業務委託契約は、「請負契約」や「委任契約」といった複数の性質を持つ契約です。

業務委託契約

外注業者に会社の業務を委託する際は、「業務委託契約」を交わします。業務委託契約というものが法律で規定されているわけではなく、「請負」や「委任」といった契約を定めている民法に、法的根拠を持ちます。

[請負]

受注した者は、委託された仕事の完成を約束し、成果物に対して報酬をもらう。建築物やデザインなどの外注はこれにあたる。

[委任]

受注した仕事については、「行為の遂行」のみが求められ、結果には責任を持たない。期間限定の事務作業やコーチの仕事などがある。

業務委託の際は実態をチェックする

業務委託とは、本来会社で行う業務の一部を、外注業者などに委託するものです。

社外の優秀な人材や、専門的な知識や技術を、場合に応じて柔軟に活用できるというメリットがあります。雇用関係ではないため、社会保険料などを支払う必要もありません。企業に属さない「フリーランス」が増えていることもあり、業務委託を活用する企業は、今後増えると見込まれます。

ただし、業務委託をする際は、相手の働き方や報酬の支

従業員か外注業者かは実態で判断される

業務委託契約を結んでいても、実態が従業員であれば、賃金面などで相応の待遇が必要になる。

《外注業者》		《従業員》
自分の裁量で決めることができる	業務の遂行（時間や進め方など）	会社の指揮命令に従う
従う必要はない	就業規則などに従うか	従わなければならない
自由に受けることができる	他社からの仕事	制限される
出来高や成果に応じて支払われる	賃金	基本的に労働時間に応じて支払われる
なし	保険料の負担	条件次第であり

払い方について注意が必要です。業務委託かどうかは「実態」で判断されるため、例えば会社の指揮命令のもとで仕事を進めてもらっていたり、他社からの仕事を受けないよう制限しているなど、自社の従業員と同じような働き方をさせている場合、たとえ契約を交わしていたとしても、業務委託とは認められないからです。

相手から訴えられて「実態は従業員」と判断されれば、労働基準法が適用され、過去の残業代などを支払わなければならなくなる場合もあるので要注意です。

委託するときの注意点Q&A

Q 他社などへの情報漏えいが心配です。

A 契約書で機密保持について定めておきましょう。

雇用関係にある従業員と異なり、就業規則が適用されないため、他の方法で機密保持について定めておく必要があります。業務委託契約書に、「業務上得た機密情報を漏らさない」という事項を入れておきましょう。

Q 賃金を支払うとき、税金はどうなりますか?

A 条件を満たせば、源泉徴収が必要になります。

源泉徴収とは、報酬などの支払いにかかわる所得税を支払者が差し引き、国に納める制度。①一定の専門職に対する報酬である、②外注業者が個人である、③自社が源泉徴収義務者である、の３つの要件をすべて満たしている場合は、源泉徴収が必要になります。

Q 消費税はどうなりますか?

A 報酬金額が、税抜か税込かを契約時に決めておきましょう。

報酬金額が「税抜」か「税込」かについては、後々トラブルにならないよう、契約時にあらかじめ決めておくと安心です。とくに取り決めていない場合は、税抜となるのが一般的です。

第4章

ここに注目！

知っておきたい
労働法のポイント

労働基準法・労働契約

労働条件の最低ラインを決める労働基準法

■違反には社名公表や懲役刑も

一般に「労働法」とは、憲法で定められた労働者の権利を守るための法律群のこと。労働法という法律が存在するわけではありません。

左記のように、労働法には主に「労働条件の基準」「労働者の福祉」「雇用の安定・確保」「労働組合」の4分野があり、各々に法律が定められています。その中核となるのが、労働基準法（労基法）です。

労基法では、賃金、労働時間、安全衛生などの基本的な労働条件について最低限守られるべき条件を定めており、これ以下の条件での労働契約は、すべて無効となります。

労基法が守られているかどうかは労働基準監督署が立ち入り検査などを行い、違反には罰金や懲役刑が科されることがあります。未払い分の賃金を後になって請求されたり、助成金が受給できなくなる場合も。

さらに、ハローワークで求人ができなくなったり、会社名が公表されてイメージダウンし、人材が集まらなくなることもあるので注意が必要です。

＋α知識

労基法は厳守すべき法律

法律には、必ず守ることを求める「強行規定」と、守るように努力することを求める「努力義務規定」がありますが、労基法の条文は前者がほとんど。厳守しなければなりません。
違反して罰を受ける場合には、社長だけでなく、会社自体も同様の罰を受けることになります（両罰規定）。

労働基準法は労働法の核となる法律

【労働条件の基準に関する法律】
- 労働安全衛生法
- 労働契約法
- 最低賃金法
- 男女雇用機会均等法　など

【雇用の安定・確保に関する法律】
- 雇用対策法
- 職業安定法
- 雇用保険法　など

労働基準法

【労働者の福祉に関する法律】
- 育児・介護休業法　など

【労働組合に関する法律】
- 労働組合法
- 労働関係調整法　など

労働基準法の罰則にはさまざまなものがある

6ヵ月以下の懲役または30万円以下の罰金

- 時間外労働、休日労働、深夜労働の割増賃金を支払わなかった場合
- 休憩時間や年次有給休暇などを、法定通りに与えなかった場合　など

30万円以下の罰金

- 契約時に、労働条件を明示しなかった場合
- 就業規則の作成や、労働基準監督署への届出を怠った場合　など

付加金

- 時間外労働、休日労働、深夜労働の割増賃金を支払わなかった場合
- 有給休暇を取った労働者に、所定の賃金を支払わなかった場合　など

付加金とは、会社がこれらの違反をした場合、未払金と合わせて、同額の付加金を支払わなくてはならないというもの。支払いには労働者からの請求が必要。ただし、付加金は「訴訟」になった場合に命じられる。もめごとの多くは「労働審判」で争われるため、運用されることはあまりない。

労働基準法・労働契約

労使の関係を規定する4つのルール

■労使双方に権利と義務が生じる

労働に関する基本的なルールは法令（労働法）で定められていますが、労使間ではさらに、会社と労働組合との間で交わす「労働協約」、会社が従業員に定めた「就業規則」、個別に結ぶ「労働契約」という3つのルールが設けられています。

これらのルールはすべて法令のもとにあり、左記のような優先順位となります。例えば、労使が合意した労働協約でも、法令に違反していれば無効となるわけです。このため、労使間でルールを定める際には、必ず法令を確認する必要があります。

労使間のルールは、会社や事業主などの「使用者」と、従業員などの「労働者」との間に結ばれます。大切なのは、合意のもと双方に権利と義務が生じること。従業員には会社の指揮管理下で労働を提供する義務と賃金を請求する権利。会社には従業員に指揮命令をして業務遂行させる権利と賃金を支払う義務などが生じます。どんな規模の会社でも、労使関係はこのような双方の合意で成り立っています。

＋α知識

労使間の争いでは法令以外も参照

労働条件などについて労使間で争いが起きた場合、判断基準となるのは法令です。
ただし、法令をどう解釈するかの判断が難しいケースや、そもそも法令で定められていない場合には、法律の解釈や先例を示した「通達」、これまでの裁判の判例などを参照し、解決策を探ることになります。

労働に関する４つのルールの優先順位

優先度	ルール	内容
高	法令	法律や政令・省令（法律についての細かい内容や実施手続きなどを定めたもの）など。
	↓	
	労働協約	会社と労働組合が結ぶ約束事。書面にて交わされる。
	↓	
	就業規則	会社と従業員が守るべき規律や、労働条件などのルールを定めたもの。
	↓	
低	労働契約	会社と従業員が個別に結ぶ約束事。就業規則よりも従業員に有利な条件なら有効。

労使ともども権利と義務が生じる

権利
・労働について指揮命令をする
・業務遂行のために、人事などを行う　など

義務
・賃金を滞りなく支払う
・従業員の安全と健康に配慮する　など

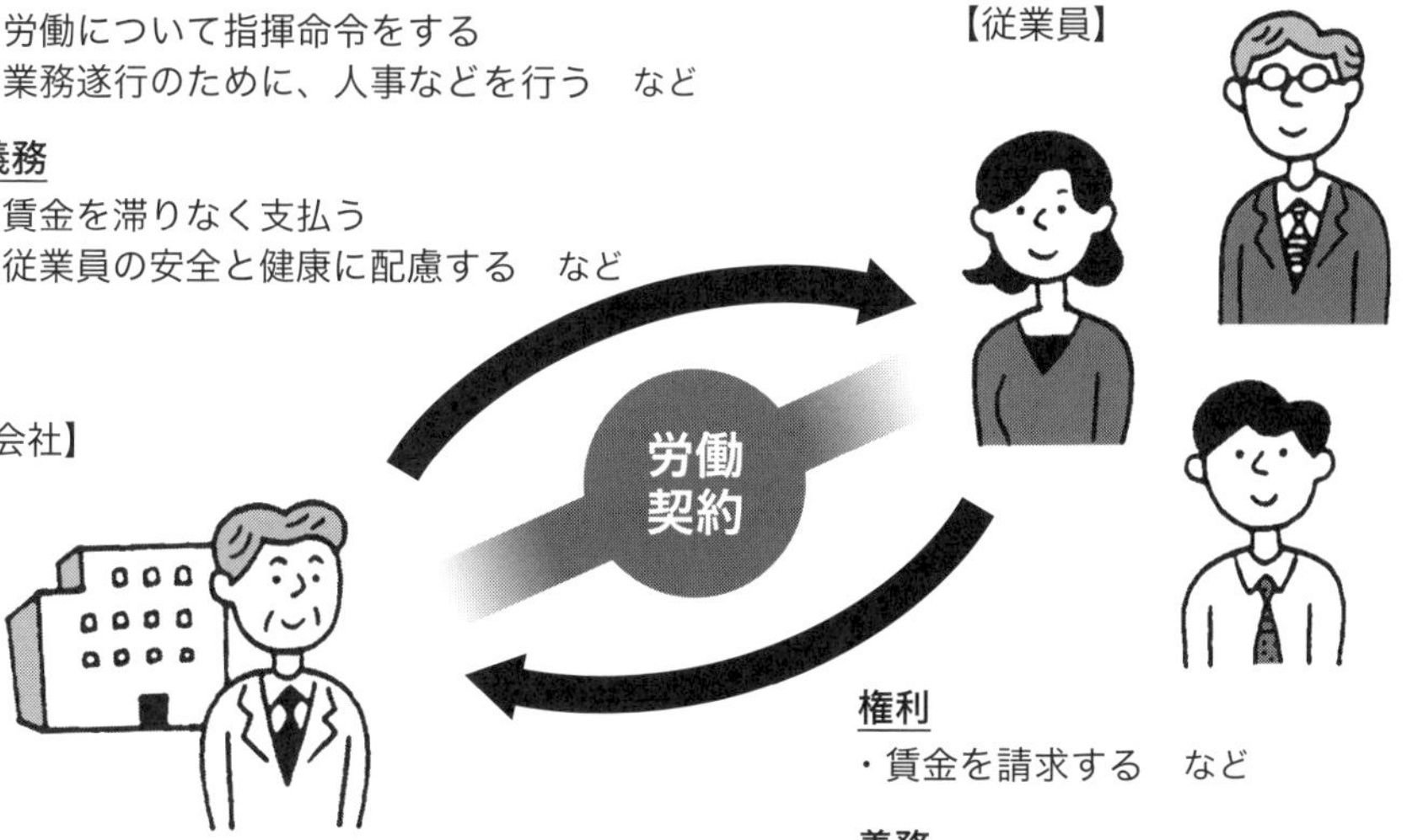

権利
・賃金を請求する　など

義務
・誠実に職務に専念する
・業務上知った秘密を口外しない
・健康診断を受ける　など

従業員が会社に対して負う義務は、「服務規律」や「懲戒規定」として、就業規則に定めておく。違反によって会社の信用を低下させた場合は、懲戒処分の対象とすることもある。

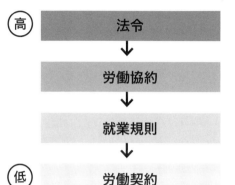

労働基準法・労働契約

就業規則を独断で作成することはできない

■届出には従業員の意見書が必要

前述のように、常時10人以上の従業員を使用する「事業場」には就業規則の作成が義務づけられます（P38参照）。事業場とは、支社や営業所のように一定程度独立した業務を行う単位。正社員やパートタイマー、アルバイトなどの合計人数が常に10人以上なら、就業規則が必要です。また労働条件が異なる従業員には、各々別に作成が必要です。

就業規則に必ず記載するのは、①始業・終業時刻、休憩、休日など、②賃金の決定や支払時期など、③退職に関する事項、の3つ。服務規程なども任意で記載します。

会社は、組合など従業員の意見を聞いて就業規則を作成。意見書とともに労基署に届け、従業員にわかりやすく周知します。就業規則は、時代や事業の変化とともに定期的な見直しが必要ですが、変更する場合も作成時と同じ手続きが必要です。

中小企業のなかには就業規則がない会社もみられますが、違反には30万円以下の罰金を科されることがあります。

“不利益変更”をしたいときは

従業員に不利益となる就業規則の変更は、原則的には認められず、通常の手続きでは不十分です。
経営上必要かどうか、社会的に妥当とされるか、従業員に対して十分な説明を行っているかなどの観点から、客観的に合理性がある場合のみ、例外的に認められます。また、場合によっては、個別の合意が必要になります。

就業規則の作成と変更方法

会社

作成したら従業員の意見を聞く

就業規則の作成は会社が行うが、勝手に決めることはできず、従業員の意見を聞かなければならない。内容案（変更案）をまとめたら従業員に周知し、意見を求める。

条文化して労働組合（労働組合がない場合は、従業員を代表する者）に提示する。

就業規則で定めるべきこと ➜P38 参照

↓

従業員

意見書を提出する

労働組合（または従業員を代表する者）は、周知された条文の内容を確認し、会社に対して意見書を提出する。

従業員がチェックすること

変更の理由がやむを得ないものか、不利益をできるだけ小さくする努力が行われているかなどをチェックする。

↓

会社

労働基準監督署に届け出る

作成した就業規則に従業員側の意見書を添えて、労働基準監督署に届け出る。内容に、法令違反や不備があった場合は、変更命令が出されることもある。

↓

会社

従業員にわかりやすく周知する

従業員には、就業規則の内容を知る権利がある。社内メールや文書で配布したり、職場で掲示するなどして、いつでも確認できる状態にしておかなければならない。

↓

＼ 就業規則が有効に！ ／

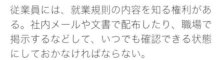

労働基準法・労働契約

労働組合からの申し入れには真摯に応じる

■団体交渉は専門家に相談を

労働組合とは、賃金や労働時間などの労働条件改善を図るため、従業員が自主的に作る団体です。労働組合法では、①労働組合を結成し、加入する権利、②団体交渉する権利、③ストライキをする権利、が保障されています。会社に組合がなくても、従業員は社外の合同労組「ユニオン」に単独で加入することができます。

労使間の取り決めには「労使協定」と「労働協約」の2つがあります。

労使協定は、労基法で規定された事項について、労働組合（ない場合は過半数の従業員を代表する者）と会社との間で結ばれます。

労働協約は、労組と会社との間で、労働条件などについて取り決めたもの。就業規則より優先されます。

組合から団体交渉の申し入れがあったら、会社は真摯に応じなくてはなりません。内容によって対応しなくてよいケースもありますが、見極めや交渉には専門知識が必要。弁護士など専門家に相談します。

管理職でも労組に加入できる

以前は、労働組合法で「使用者の利益を代表する者の参加を許すもの」を労組と認めていないことから、「管理職」は組合員の範囲から除外されてきました。
現在では、〝管理職も労働者〟という視点から、組合員の範囲が見直され、管理職のみで組織する「管理職組合」や、管理職の合同労組も存在しています。

労使で結ぶルールは２種類ある

＼特定の事項について結ぶ／

《労使協定》

労働基準法に基づいて、会社と従業員との間で結ばれるもの。労働基準法で定められた事項の〝手続き上の条件〟。

〈特徴〉

- 会社と労働組合（ない場合は過半数の従業員を代表する者）との間で結ぶ
- 協定を結ぶ事項が定められている（変則的な労働時間制の導入など）

違い

＼就業規則より優先される／

《労働協約》

労働組合法に基づき、会社と労働組合が文書を交わして結ぶ約束事。労使で定めた〝特別のルール〟として、就業規則より優先される。

〈特徴〉

- 会社と労働組合の間で結ぶ
- 定める内容に条件がない（法令の範囲内で）。大きく分けて、労働条件にかかわるものと、労働組合にかかわるものの２種類

団体交渉を申し入れられた場合はどうするか

交渉に応じるのは会社の義務

正当な理由なく拒否すると、「不当労働行為」（労働者の団結権などを侵害する行為）にあたる。

↓

組合側の言い分が法令に沿っているか確認

法令に沿うものなら、受け入れなければならないが、沿わないものなら対応しなくてよい場合も。

↓

団体交渉の場には専門家に同席してもらう

組合側は交渉術に長けていることが多い。法律の知識や交渉スキルを備えた専門家に相談を。

〈不当労働行為の例〉

- 労働組合への加入などを理由に、その従業員に対して不当な取り扱いをしたり、解雇したりする。
- 雇用の際に、労働組合に加入しない、または脱退することを条件にする。
- 労働組合の結成や運営に介入する。
- 労働組合の運営について経理上の援助をする。

労働基準法・労働契約

性別や年齢を限定して募集してはいけない

■求人申込ルールの変更に注意

労働法では、求人の方法や条件にも厳しい規制が定められています。まず、人材募集の内容。左記に示すように、性別や年齢、地域や国籍などを条件にすることは禁止です。

採用時に本籍や家族など「本人に責任のない事項」、宗教や支持政党など「本人の自由であるべき事項」は、聞いてはいけません。身元調査や不必要な健康診断もNGです。

改正職業安定法では、求人申込のルールが変更になりました。注意すべき点は、①求人票に明示すべき条件に「試用期間」や「裁量労働制を採用している場合のみなし労働時間」などの項目が追加された、②派遣労働の場合は雇用形態を明示、③労働条件が変更された場合は速やかに変更内容を明示する、など。違反すると、行政指導や改善命令、企業名公表の対象になり、罰則が科されることもあります。

応募者の個人情報の取り扱いにも気をつけます。募集業務の目的のみに使い、不採用者の書類は返却または廃棄します。

要チェック

採用目的の助成金制度もある

採用活動には費用がかかるもの。そこで厚生労働省では支援策として、さまざまな助成金制度を設けています。採用に関する主なものには、新社員の採用を目的とした「トライアル雇用助成金」や「特定求職者雇用開発助成金」などがあります。助成金の種類によって受給資格や申請期限が異なるため、確認しておきましょう。

禁止されている募集内容を確認しておこう

性別を限定したり、性別によって異なる条件をつける

合理的な理由なく「男性歓迎」などといった表記するのも NG。

実務経験を必要とする免許資格の取得を条件とする

業務上必須の資格（薬局勤務の薬剤師など）は除く。

誤解を与える内容や虚偽の内容を記載する

賃金を実際より高く設定したり、雇用形態を偽ってはいけない。

年齢制限を設ける

長期的な人材育成などの理由があれば、認められることもある。

地域や国籍を限定する

「職場から徒歩〇分圏内に在住の人」といった表記も NG。

募集の際は労働条件を明示しなければならない

- ●業務内容
- ●契約期間
- ＊試用期間

＊印の項目は、職業安定法の改正により、2018年１月から新たに追加されたもの。違反すると罰則の対象となる場合もあります！

- ●就業場所
- ●就業時間
- ●休憩時間
- ●休日
- ●時間外労働

＊裁量労働制を採用している場合は、以下のような記載が必要になる

例）「専門業務型裁量労働制により、〇時間働いたものとみなされます」

- ●賃金

＊時間外労働の有無にかかわらず一定の手当を支給する制度（固定残業代）を採用する場合は、以下のような記載が必要になる

①基本給／②手当の種類／③〇時間を超える時間外労働分についての割増賃金は追加で支給

- ●加入保険
- ＊募集者の氏名または名称
- ＊派遣社員として雇用する場合は、雇用形態として明記

労働基準法・労働契約

労働契約は「内定」と同時に成立する

■条件を書面通知しないと罰金も

求職者の応募に会社が承諾して内定を出すと、労働契約が成立します。労働契約は口頭でも有効ですが、賃金や労働時間などは書面での通知が義務づけられており、違反すると30万円以下の罰金が科されます。

その他の労働条件の通知方法は、事項によっては書面での通知が義務づけられていないものもありますが、トラブルを防ぐため、契約時にすべての労働条件を記した契約書に双方が署名捺印し、意思確認を残しておくのがベストでしょう。

労働契約は内定と同時に成立するため、正当な理由なく内定を取り消すことはできません。企業の多くは、本採用を判断するまでの期間として試用期間を設け、「仮採用」と呼んでいますが、試用期間中も労働条件は正社員と同じ。本採用を拒否することは解雇と同等なので、相応の理由が必要です。

試用期間は求人時に明示が義務づけられ、一般的には3〜6ヵ月。最長でも1年程度です。正当な根拠のない延長は認められません。

本採用しないなら解雇予告が必要

試用期間から15日以上を経て、正当な理由から本採用を拒否する場合は、「解雇予告」が必要です。解雇する日の30日前までに通知するか、それができなければ解雇予告手当を支払わなければなりません（P174参照）。解雇予告の手続きが適正でないと、裁判で有効性が争われたときにくつがえることがあります。

労働契約の際は労働条件を明示しなければならない

明示	方法	事項
必ず明示する	書面	・労働契約の期間について（無期または有期。有期の場合は、契約期間を明示） ・就業場所 ・業務内容 ・労働時間について（始業時刻と終業時刻、所定時間外労働の有無、休憩時間、休日と休暇など） ・交代勤務をさせる場合は、就業時転換について ・賃金について（決定方法、計算・支払方法、締切・支払い時期など） ・退職について（解雇の事由を含む）
	文書または口頭	・昇給について
制度がある場合、明示する	文書または口頭	・退職金について（適用される従業員の範囲、計算・支払方法、支払時期など） ・賞与について（適用される従業員の範囲など） ・従業員に費用負担させる食事や作業用品について ・安全衛生について ・職業訓練について ・災害補償、業務外の傷病扶助について ・表彰について ・制裁について ・休職について

内定以降は正社員とほぼ同じ扱いになる

労働契約の成立

内定 → 待機期間 → 入社 → 試用期間（3～6ヵ月が一般的）→ 本採用

内定取り消しは簡単にできないが認められる場合も

内定時に知り得なかった事実（経歴詐称や健康状態の悪化など）が発覚したときや、急激な業績悪化で新卒採用ができなくなった場合などは、内定取り消しが認められる。

正当な理由なく本採用を拒否することはできない

業務遂行できない、面接時に虚偽申告があったなど、正当な理由があるときに限る。それを示す客観的な事実をそろえ、改善に向けて話し合うといった段取りも必要。

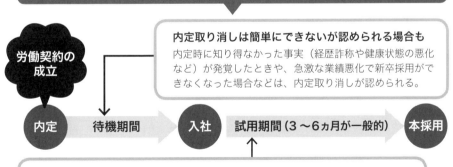

労働基準法・労働契約

高年齢者を雇うときは賃金設定に注意

■再雇用は給付制度や特例を活用

法律上、定年は60歳以上ですが、公的年金の受給年齢引き上げに伴い、企業には、65歳までの安定的雇用の確保が義務づけられています（高年齢者雇用確保措置）。

この措置に対応するには、左記の4つの選択肢があります。最も採用されているのが、再雇用制度。定年でいったん退職後、新たな契約を結ぶというものです。ただし、仕事が定年前と同じなのに賃金が減額されると、働き方改革の柱「同一労働同一賃金」の原則違反となるので要注意です（P32参照）。

再雇用後の賃金は、高年齢雇用継続給付制度を考慮して設定します。これは、60歳以降賃金が大きく下がった場合に給付金が支払われる制度。左記の2種類があり、従業員が賃金と合わせて受給できます。

再雇用を毎年更新していくと、「無期転換ルール」（P46参照）が適用される場合がありますが、定年後も引き続き同じ会社が雇用する際は、労働局に申請すると、特例で適用除外を受けることができます。

要チェック

再雇用後の待遇に注意する

再雇用制度では、労働時間や賃金のほか、仕事の内容なども新たに提示することができます。
ただし、新しい労働条件は、定年前と比べて不合理なものであってはなりません。事務職に就いていた従業員に対し、定年後再雇用の際にパートタイマーとしての清掃業務を提示したことを、違法とした判例もあります。

高年齢者雇用確保措置は４つから選べる

定年の引き上げ

定年を、65 歳以上まで引き上げる。手続きなく雇用を継続できるが、原則として労働条件を変更できない。退職金額に勤続年数が加味される場合、高額になることも。

定年の廃止

働ける年齢まで働けるようにする。定年引き上げと同様に、従業員の合意がなければ労働条件を変更できない。また、雇用をいつまで続けるかという予定が立てにくい。

継続雇用制度

勤務延長制度

定年がきても、本人の希望があれば雇用を続けるというもの。労働条件もそのままとなり、従業員の合意がなければ変更できない。

再雇用制度

定年がきたら、いったん退職してもらい、その後、再び雇用する。再雇用時に新しい労働条件で契約できる。

高年齢雇用継続給付制度は２つある

	基本給付金	再就職給付金
	退職後すぐに再雇用されるなどで、「失業給付」を受けない場合に給付される。支給手続きは、基本的に会社を経由して行う。	退職後、「失業給付」を一部受給してから再雇用された場合に給付される。基本給付金と同様、支給手続きは会社を経由して行う。
対象年齢	60 歳以上 65 歳未満の雇用保険加入者	
低下後の賃金	35 万 9899 円未満かつ「低下の基準とする賃金」の 75% 未満（※）	
支給額	・低下率が 61% 以下…その月の賃金× 15% ・低下率が 61 ～ 75% 未満…その月の賃金×支給率（支給率は、低下率に応じて 0% 超～ 15% 未満の間）	

※2018 年8月現在。改定される場合があるので毎年確認する。「低下の基準とする賃金」は、基本給付金の場合は「60 歳になる直前6ヵ月の賃金」、再就職給付金の場合は「退職直前6ヵ月の平均賃金」を指す。

労働基準法・労働契約

一定規模以上の会社なら障害者も雇用

■ハローワークなどで相談を

障害者雇用促進法では、すべての会社に法定雇用率以上の障害者雇用を義務づけています。

現在、民間企業の法定雇用率は２・２％。つまり従業員45・５人以上の会社は少なくとも１人の障害者を雇用しなくてはならないということになります。２０２１年には、この比率はさらに０・１％引き上げられ、その後、少なくとも5年ごとに見直され、引き上げられていく予定です。現在は対象外の会社でも、今後は対象となる可能性があります。

障害者の雇用が法定雇用率に満たない場合、企業は障害者雇用納付金を納める必要があります。金額は不足している人数１人あたり月５万円。ただし当面は１００人以下の中小企業からの徴収は猶予されています。

一方、法定雇用率を超えている企業には、１人あたり2万７０００円の障害者雇用調整金が支給されます。

障害者を雇用するには、ハローワークなどで相談し、募集時や職場の配慮、施設整備など受け入れ体制を整えることが大切です。

＋α知識

障害者雇用に関する助成金

「障害者トライアル雇用奨励金」は、一定の期間を設けて障害者を試行的に雇い入れる（障害者トライアル雇用、障害者短時間トライアル雇用）ときに受給できる助成金。支給対象者１人につき、前者は月額最大４万円、後者は月額最大２万円が支給されます。受給要件や手続きについては、労働局やハローワークに問い合わせを。

常用労働者と障害者のカウント方法

常用労働者 が45.5人以上なら1人の **障害者** 雇用義務が発生する

［カウント方法］
・30時間以上…1人
・20時間以上30時間未満…0.5人

［カウント方法］

週所定労働時間		30時間以上	20時間以上30時間未満
身体障害者		1人	0.5人
	重度	2人	1人
知的障害者		1人	0.5人
	重度	2人	1人
精神障害者		1人	0.5人または1人

職場では障害者に対する配慮が求められる

募集採用時に配慮が必要とされる

採用試験の問題用紙を点訳したり、解答時間を状況に合わせて延長させるなど、障害者でない者と同等の機会を与えなければならない。

差別的な扱いは禁じられている

賃金設定のほか、食堂や休憩室といった福利厚生施設の利用、教育訓練の実施などについて、不当な差別を行ってはいけない。

施設の整備などを適切に行わなければならない

車いすでも利用しやすいよう作業台の高さを調節したり、援助者を配置するなど、雇用する障害者の特性に合わせて職場の環境を整える。

労働基準法・労働契約

外国人を雇うときは届出が必要

■就労資格を在留カードで確認

働き方改革で推進される高度外国人材の受け入れや留学生増加に伴い、外国人労働者は増え続けています。２０１７年10月時点では約１２８万人。過去最高を更新しています。

外国人雇用には、在留カードでの就労可否の確認が必要。就労資格のない外国人を雇うと不法就労助長罪になり、３年以下の懲役もしくは３００万円以下の罰金、またはその両方が科されます。

在留カードには、就労制限の有無や在留資格などが記載されています（左記参照）。在留資格によっては、就労禁止だったり職務に制限が設けられている場合があります。一方、就労禁止でも、資格外活動許可があれば制限付きで就労できるケースもあるので、よく確認してください。

外国人の採用・離職はハローワークへの届出が義務づけられており、怠ると罰則の対象となります。

また、外国人でも労基法など労働法は適用されます。厚労省のＨＰでは、外国人雇用のルールが示されています。

留学生を新卒で雇うとき

在留資格が「留学」では就労できません。内定したら、本人に入国管理局で「在留資格の変更手続き」をしてもらわなければなりません。
ただし、学生時代に習得した事柄と予定している職務内容がかけ離れている場合、変更許可がおりないことも。職務内容が適しているかをよく考えて採用しましょう。

在留カードで就労可能かどうか確認する

【表面】

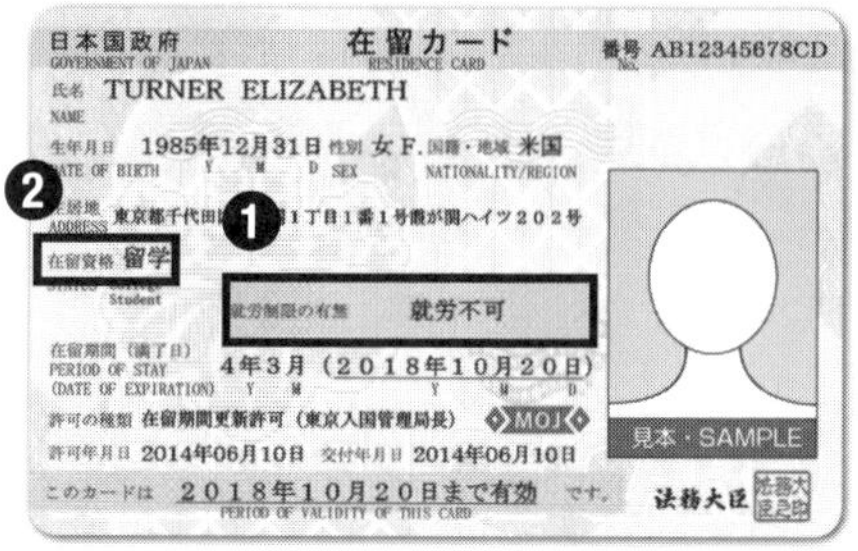

【裏面】

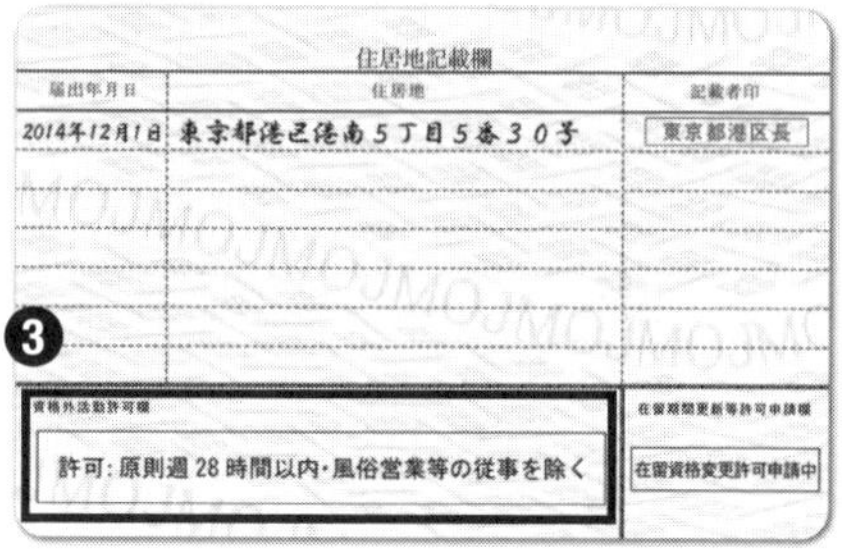

出典／入国管理局HP

CHECK ❶「就労制限の有無」を確認

就労不可	原則として就労は認められない。
～就労活動のみ可	就労できる範囲が限られている。範囲は、「在留資格」の欄で確認できる。
就労制限なし	内容に制限なく就労できる。

CHECK ❷「在留資格」を確認

○就労目的で在留が認められる外国人	それぞれの在留資格に定められた範囲で働くことができる。 教授／芸術／宗教／報道／高度専門職1号・2号／経営・管理／法律・会計業務／医療／研究／教育／技術・人文知識・国際業務／企業内転勤／介護／興行／技能
○身分に基づき在留するもの	在留中の活動に制限がないため、さまざまな分野で働くことができる。 永住者／日本人の配偶者など／永住者の配偶者など／定住者
○その他の在留資格	それぞれ在留期間に制限があり、個々の許可の内容によってできる仕事が限られている。 技能実習／特定活動（経済連携協定に基づく外国人看護師・介護福祉候補者、ワーキングホリデーなど）／特定技能1号・2号
×就労活動が認められていない在留資格	留学／就学／家族滞在／研修／文化活動／短期滞在

CHECK ❸「資格外活動許可」を確認

❶や❷で就労禁止でも、この欄で「許可」となっていれば制限付きで就労可。詳細は労働者が取得している資格外活動許可書で確認。

▸ 在留資格「特定技能1号・2号」は、入管法改正により2019年4月に新設。「1号」は相当程度の知識や経験が必要な技能を持つ人に、より高度な試験に合格して熟練した技能を身につけた人には「2号」の資格を与える。

労働時間

残業させるときは三六協定を結ぶ

■特別条項の届出変更に注意

労働時間とは「使用者の指揮命令下で労務を提供する時間」。使用者は労働時間分の賃金を支払います。

法定労働時間は1日8時間、週40時間と定められていますが、いわゆる「三六《さぶろく》協定」と呼ばれる労基法36条の労使協定を結んで届け出れば、原則月45時間、年３６０時間までの残業が可能です。さらに特別条項付き三六協定を結ぶと、実質青天井での残業が可能でした。

改正法により、時間外労働の上限は、特別条項でも年７２０時間、２～６ヵ月平均で80時間以内と定められました。２０１９年4月以降は届出様式も変更され、従来1枚だった届出が、一般条項と特別条項の２枚必要になる見込みです。特別条項の用紙には、限度時間を超えた労働の回数や時間など細かな記載が必要となります。また、労働者に対する健康福祉確保のための措置も、具体的内容の記載が求められます。

三六協定は労基署への届出が義務づけられ、毎年届出が必要です。違反には懲役や罰金が科されます。

＋α知識

休憩に関する４ルール

休憩には４つのルールがあります。①労働時間の合間に与える。②休憩中は自由に過ごせるようにする。③労働時間が６時間を超えるなら 45 分以上、８時間を超えるなら１時間以上与える。④事業所の全員に同時に与える。ただし④については、業種によって業務に支障をきたす場合もあり、労使協定を結べば例外が認められます。

三六協定には限度時間と特別条項を記載する

☆限度時間（一定期間の残業時間の限度）は３つ定める

- １日
- １ヵ月（起算日：毎月１日）
- １年（起算日：４月１日）

→ 定められた限度基準の範囲内に収める

期間	一般の限度時間	１年単位の変形労働時間制の限度時間
１週間	15時間	14時間
２週間	27時間	25時間
４週間	43時間	40時間
１ヵ月	45時間	42時間
２ヵ月	81時間	75時間
３ヵ月	120時間	110時間
１年	360時間	320時間

☆特別条項では延長する場合の限度も忘れず記載

［記載すべきこと］

◎原則の限度時間
◎理由（特別な事情、**臨時的なもの**）
◎手続き方法（労使協議など）
◎限度時間を超える回数
◎限度時間を超える延長時間の上限
…年720時間以内、２～６ヵ月平均で80時間以内、単月で100時間未満
◎限度時間を超える場合の割増賃金率
…法定の割増率（P58参照）より高く設定する

・予算業務や決算業務
・納期のひっ迫
・機械トラブルへの対応　など
事由を限定せず、たんに「繁忙なとき」「業務上必要なとき」などは認められない

特別条項での限度は新たに加わったもの。忘れず記載し、守ること！
（P54参照）

賃金

労働の対価は5つのルールにしたがって支払う

■支給要件がある手当は「賃金」

賃金とは、「労働の対価として使用者が労働者に支払うもの」と定められていますが、毎回最低限の支給を約束した「基本給」や、時間外・休日・深夜労働に支給される「割増賃金」だけでなく、家族状況や住宅、職務などを考慮して支給する「各種手当」も賃金とみなされます。

賃金かどうかの基準は、就業規則などで支給要件が決められているかどうかがポイント。例えば退職金でも、支給要件が定められていれば賃金ですが、会社が任意で払うと賃金とはみなされません。

また、出張旅費のように実費支給されるものや、会社の保養所利用料のように福利厚生の性格が強いものも賃金にはなりません。

賃金の決め方は時給、日給、月給、年俸制のほか出来高給制があり、組み合わせて使われることも。

賃金には労働の対価という側面に加え、従業員の生活安定という目的があるため、法令では支払方法について5つの原則を定めています（左記参照）。

＋α知識

支払日前に請求されたら？

賃金の支払日は決まっており、従業員の都合で前倒しすることは原則としてできません。ただし、災害や病気などで緊急にお金が必要になった場合に限って、それまで働いた期間分の賃金を、支払日前に請求することができます。従業員から請求されたら、日割りで賃金を計算し、速やかに支払わなくてはいけません。

賃金となるもの、ならないものの基準とは

賃金となる

◎基本給
◎各種手当、慶弔金、退職金、チップなど（就業規則などで支給要件が定められたもの）
◎割増賃金
◎休業手当
◎賞与

労働の対価として支払われるもの。そうでなくとも、就業規則で支給要件が明確に定められている場合は賃金となる。

賃金とならない

◎経費や福利厚生の面が強いもの（出張経費、実物支給の作業着や制服、社宅や保養所の利用料など）
◎慶弔金や退職金（任意で支給されるもの）

就業規則で支給要件が定められていないものや、経費や福利厚生としての側面が強いものは賃金とならない。

賃金の支払方法には５つの原則がある

1 通貨で支払う

現金で支払う。ただし、法令や労働協約で定められたもの（通勤定期券など）は現物支給も認められる。

2 直接本人に支払う

家族や弁護士などの代理人もNG。銀行振込の場合は、本人名義の口座でなければならない。

3 全額を支払う

従業員の同意なしに、雇用保険料や社会保険料などの「法定控除」以外の控除をすることはできない。

4 毎月１回以上支払う

最低でも毎月１回は支払わなければならない。年俸制であっても、最低12回に分けて支払う。

5 一定の期日に支払う

毎月の支払日を決める。銀行の休業日ならどうするか（前日にするか後日にするか）も就業規則に明記。

その他、「ノーワーク・ノーペイ」の原則も覚えておく。働いていない日や時間については、賃金を支払わなくてもよいというもの。欠勤、遅刻、早退では、その分の賃金を控除できる。

賃金

残業代は正しく支払わなければならない

■割増賃金のルールをチェック

時間外労働をさせる場合には、前出の三六《さぶろく》協定の届出に加え、割増賃金の支払いが必要です。割増賃金は、時間外・休日・深夜など種類によって割増率が異なり（P58参照）、左記の計算式で算出します。出来高給制や年俸制でも残業代は発生します。

一方「固定残業制」という制度もあります。これは、あらかじめ一定時間までの残業代を含めた賃金で、労働契約を結ぶという制度です。会社には、一定の残業時間まで割増賃金がかからないというメリットがあります。

この制度で募集する際には、他より好条件だと誤解されないように、固定残業制を採用していると明記しなければなりません。また、就業規則や雇用契約書への記載など複雑なルールが定められています。

注意したいのは、固定払い以上の残業には割増賃金が必要になること。この制度は、残業代支払いを免れようとするブラック企業による悪用が続いたため、裁判では厳しい判決が出されています。

未払い残業代のトラブル対策

話題となりがちな「サービス残業」のほか、固定残業制や変形労働時間制（P76 参照）などが正しく運用されなかった場合も、未払い残業代の要因となります。
残業代は過去２年分までさかのぼって請求できるため、トラブルになって支払わなければならなくなると、莫大な損失に。適切な労働時間管理は必須です。

割増賃金は給与制度ごとに計算する

割増賃金（時間外手当・休日手当・深夜手当） ＝ **1時間あたりの賃金額** × **それぞれの割増率**（P58参照） × **残業時間**（時間外労働時間、休日労働時間、深夜労働時間）

〈1時間あたりの賃金額の計算式〉

●日給制 ………… $\frac{\text{日給}}{\text{1日の所定労働時間数}}$

●月給制 ………… $\frac{\text{月給}}{\text{月平均所定労働時間数}}$

●出来高給制 ……… $\frac{\text{出来高給}}{\text{1ヵ月の総労働時間数}}$

●年俸制 ………… $\frac{\text{年俸の12分の1}}{\text{月平均所定労働時間数}}$

賃金に含まないもの

家族手当／通勤手当／別居手当／住宅手当／子女教育手当／臨時に支払われた賃金（結婚祝金など）／1ヵ月を超える期間ごとに支払われる賃金（賞与など）／割増賃金（時間外手当など）

固定残業制には細かいルールがある

ルール❶ 求人の際、労働条件の中に制度の内容を細かく明記する。

ルール❷ 就業規則の給与規定に明記する。記載事項も定められている。

ルール❸ 雇用契約書に明記する。記載事項も定められている。

ルール❹ 実際の残業時間が、固定残業代分の残業時間を超えた場合、その分の残業代を支払わなければならない（逆に「下回った場合はどうするか」も、給与規定に定めておかなければならない）。

ルール❺ 給与明細に運用内容（固定残業代の金額と相当する残業時間数、超過した場合はその時間と支給額）を明記する。

ルール❻ 固定残業代は、割増賃金の算定から除外される。

従業員にとっては、定時で上がればトクになる制度。各人の作業効率アップが期待できるよ

正しく利用すればメリットが大きい反面、トラブルになりやすい制度でもあります。

でも、ルールが細かくて導入が難しそう……

賃金

毎年改定される最低基準を下回ると罰則も

■差額2年分を支払うことにも

すべての労働者の賃金は、国の定める「最低賃金」を下回らないよう定められています。

最低賃金は都道府県ごとに異なり、「地域別最低賃金」の他に、特定産業に適用される「特定最低賃金」があります。両方に該当する場合には、高い方が適用されます。

賃金が最低賃金以上かどうか確認するには、左記のように、時給に換算します。最低賃金を下回っていれば、労使の同意があっても契約は無効。差額支払いが求められます。過去2年分さかのぼって支払うよう是正勧告を受けることも。最低賃金は毎年改定され、10月に発効されるので、必ず確認してください。

一方、労働能力が異なるため最低賃金が減額される人もいます。①精神や身体障害により労働能力が低い人、②試用期間中の人、③都道府県知事の認定を受けた職業訓練を受けている人、④所定労働時間がとくに短い人または軽易な業務・断続的労働に従事する人など。ただし、労働局長の許可が必要です。

賞与も支払い義務がある？

賞与については法律で規定がなく、支払うか否か、額をいくらにするかは会社の裁量に任されています。
ただし、就業規則で支給条件や支給日などを定めた場合は「賃金」扱いとなり、支払わなくてはなりません。また、就業規則に定めがなくてもこれまで慣習的に支払われていた場合は、会社は支払い義務を負います。

従業員の賃金を最低賃金と比較してみよう

☆毎月支払う基本的な賃金をもとに計算する

最低賃金の対象となる賃金は、毎月支払うもの、つまり「基本給」と「諸手当」を合わせたもの。毎月の支払いではない賃金（右記）や、厚労省の通達によって指定されているものは除外する。

除外する賃金

- 臨時的に支払っているもの
- 割増賃金（時間外手当、休日手当、深夜手当）
- 1ヵ月を超える期間ごとに支払っているもの
- 通勤手当、家族手当、精皆勤手当（厚労省の通達によって除外される）

☆採用している給与制度に応じて計算する

給与制度ごとに計算式が異なる。自社で採用している給与制度にしたがって、計算する。比較する最低賃金額は、事業所のある都道府県ごとに異なるので注意を。

◎時給制の場合…時間給≧最低賃金額

本社ではなく、事業所や営業所がある都道府県の最低賃金を基準とする

◎日給制の場合

$$\text{平均賃金} = \frac{\text{日給}}{\text{1日の所定労働時間数}} \geqq \text{最低賃金額}$$

◎月給制の場合

$$\text{平均賃金} = \frac{\text{月給}}{\text{月平均所定労働時間数}} \geqq \text{最低賃金額}$$

（年間労働日数×所定労働時間）÷12ヵ月

◎出来高給制の場合

$$\text{平均賃金} = \frac{\text{その月の出来高給}}{\text{その月の総労働時間数（残業時間も含む）}} \geqq \text{最低賃金額}$$

◎複数の給与制度を併用している場合

給与制度ごとに計算した賃金の合計額≧最低賃金額

最低賃金額は、今後上昇する見込み。毎年忘れず厚生労働省や最寄りの労働局のHPで確認し、自社の賃金を見直しましょう。

賃金

会社都合の休業には休業手当を支払う

■平均賃金の6割以上を支払う

　会社の都合で従業員を休ませる場合、会社は「休業手当」を支払うことが定められています。会社の都合とは、「使用者の責に帰すべき事由による」もの。具体的には生産調整、材料不足や機械の故障による休業などがあげられます。一方、天災による公共交通機関の運休や工場の倒壊のように不可抗力の場合には、支払う必要はありません。

　休業手当は平均賃金の60％以上と義務づけられています。平均賃金の算定期間は「平均賃金算定が必要な事由の発生した日以前3ヵ月間」。この期間中に支払われた賃金の総額を、その期間の総日数で割った額が平均賃金となります。ただし、算定期間中の支給でも計算から除外される賃金や、総日数に含めない期間など、細かな規定もあります。詳しくは左記を参照してください。

　平均賃金は、休業手当だけでなく、年次有給休暇の賃金、解雇予告手当、労災の休業補償の算定にも用いられます。算定が必要な事由が発生するとその都度計算します。

＋α知識

休業手当が必要ない場合

会社から申し出た休業であっても、場合によって休業手当を支払わなくていいケースもあります。
例えば、地震などの自然災害で仕事をすることができない場合は、休業手当は不要です。また、従業員のストライキにより休業せざるを得ない場合、ストライキに参加した従業員に支払う必要はありません。

こんなときには休業手当を支払う

例1）機械の故障や資金難によって、操業できなくなった
例2）不祥事があり、営業停止処分を受けた
例3）生産調整のため、工場を一時休業することになった
例4）経営不振により、一定期間休ませることになった
例5）経営不振により、新卒者の就労開始を遅らせた

→ 《休業手当》
平均賃金
（下記参照）の
60％に
あたる額

やむを得ない正当な理由があっても、会社の都合で休業する場合は、休業手当を支払う。

平均賃金の計算式を覚えておこう

平均賃金 ＝ ❶算定期間中の賃金総額 ／ ❷算定期間の暦日数

❶〈計算から除外する賃金〉

・3ヵ月を超える期間で算定されるもの（賞与など）
・臨時で支払った賃金（慶弔見舞金、退職金など）
・法令や労働協約で定めていない現物給与

❷〈計算から除外する期間〉

・業務上で起きた病気やケガの療養のために休業した期間
・産前産後の休業期間
・育児・介護休業期間
・会社側の責任による休業期間
・試用期間

◎特別な計算式で算出する場合

日給・時給・出来高給の場合

平均賃金＝算定期間中の賃金総額／その期間の実労働日数 ×60％

入社3ヵ月に満たない場合

平均賃金＝入社後に支払われた賃金総額／入社後の総暦日数

労働時間が少ない雇用形態や、労動した時間が算定期間（3ヵ月）に満たない場合、正社員と同様に計算すると、平均賃金額が極端に低くなってしまう。給与制度に応じて、実労働日をもとに計算する。

休日・休暇

最低でも1週間に1日は休日を与える

■休日労働には割増賃金が必要

休日とは「労働契約によってあらかじめ定められた労働義務のない日」。法定休日と言い、1週間に1日以上または4週間に4日以上与えることが義務づけられています。

法定休日は何曜日でもよく、毎週同じ曜日である必要はありません。ただし、例えば週休2日の場合には、どちらが法定休日なのか特定が必要です。また4週間に4日の場合には、起算日を明確にしておきます。

法定休日は、時間外労働の対象にはなりませんが、休日手当が発生します。一方、法定外休日には、休日手当は不要ですが、法定労働時間を超えれば、時間外労働の割増賃金が発生します。どちらの場合も、深夜労働には割増賃金が必要。また義務ではありませんが、休日出勤に代休を設けている企業もあります。

注意したいのは、労働時間の数え方。休日は0時から24時を1日とするので、日付をまたいで法定休日に及ぶと休日手当が発生します。また、法定休日の労働が日付をまたいだ場合には、翌日の労働となります。

＋α知識

代休と振替休日の違い

「代休」は休日労働後に、他の労働日を休日とすること、「振替休日」は休日を労働日とし、代わりに振り替えられた労働日を休日にするものです。
代休はとくに要件がなく直前に決められますが、振替休日を設けるには、就業規則で制度を定めておくなどの要件があり、多くの会社で代休が利用されています。

４週間に４日与える方法もある

例）一般的な週休２日制の場合

月	火	水	木	金	土	日
労働日（8時間）	労働日（8時間）	労働日（8時間）	労働日（8時間）	労働日（8時間）	休日	休日
					法定外休日	法定休日

労働時間：8時間×５日＝40時間（法定内）

法定外休日 ⇔ 法定休日　どちらでもよい

例）４週間に４日の休日の場合

起算日　起算日　会社が自由に決める → 起算日

１週目	２週目	３週目	４週目	１週目	２週目	３週目	４週目
休日 休日		休日	休日			休日 休日	休日 休日

休日４日　休日４日

起算日から起算日（4週間）の間で４日の休みを与える

この４週間は休みが２日だけになるが、起算日をまたがっているので４日未満でもOK

休日に働いてもらう場合は

●法定休日に働いてもらう
→休日労働の割増賃金を支払う

●法定外休日に働いてもらう
→休日労働の割増賃金はなし
→法定労働時間を超えたら割増賃金を支払う

→ **いずれの場合も、代休にした日は１日分の賃金を控除する**

うちは週休２日制。繁忙期は土曜日に出社する人が多いが、どうなりますか？
法定休日分の１日は確保されているので、法定休日労働とはなりません。休日労働の割増賃金は発生しませんよ

■▶ 法定休日には「法定労働時間」が存在しないので、時間外労働の割増賃金は発生しないが、深夜労働に対しては割増手当が必要。

休日・休暇

法定休暇は申請に応じて与える

■休暇の規定は就業規則に記載

休日が「労働義務のない日」なのに対し、休暇とは、もともと労働義務のある日に「労働者の求めによって義務が免除された日」。法定休暇と法定外の「特別休暇」があり、左記のような種類があります。

法定休暇は、従業員から請求されたら必ず与えなければなりません。ただし年次有給休暇については、会社側は従業員に対し、取得時季の変更を求めることができます（P144参照）。また、法定休暇の取得を理由に、給与の減額など不利益な扱いをすることは禁じられています。

特別休暇は、慶弔休暇やリフレッシュ休暇のように、会社が独自に定める休暇。従業員の取得申し出を会社が承認することで成立します。取得日数や申請方法、賃金支払いの有無などの規定は、あらかじめ就業規則に記しておく必要があります。

有給休暇以外、休暇中の賃金は有給でも無給でも構いません。法定休暇の育児休業や介護休業は、雇用保険から給付があるので、無給にしているところが多いようです。

選挙のための休暇を求められたら

法定休暇のひとつとして、「公民権行使のための休暇」があります。
公民権とは、政治参加の資格を持つ国民に与えられた権利。従業員が選挙に行くための休暇や、国会議員に立候補したり選挙で当選した場合に、選挙活動や議員活動のための休暇を求めたときには、与えなければなりません。

２種類の休暇にはそれぞれ特徴がある

《法定休暇》		《特別休暇》
・年次有給休暇（P144参照） 有給で保証された休暇。利用するには要件がある。 ・産前産後休業 産前産後の母体の休養が目的。 ・育児休業 １歳までの子の育児のため。 ・介護休業 要介護状態の家族を介護するため。 ・生理休暇 生理日の就業が困難な場合に取得。 労基法などの法律で定められた休暇。従業員から申し出られた場合には、原則として与えなければならない。 	種類	・慶弔休暇 結婚式や葬式などの慶弔時に取得。 ・病気休暇 病気療養のために取得する休暇。 ・結婚休暇 主に新婚旅行などのために取得。 ・裁判員休暇 裁判員を務める場合に取得。 ・アニバーサリー休暇 従業員の誕生日などに設けられる。 会社によりさまざま。従業員の申し出を会社が承認すれば取得できる。取得理由を明かす必要があり、請求権に期限も。 
法定通りに与えることを簡潔に明記しておく。	就業規則での規定	・休暇の種類 ・どんなときに取得できるか ・取得できる日数 ・申請方法と申請期限 ・賃金支払いの有無 これらのことを、就業規則に定めておく。
年次有給休暇以外は、支払うか否かは会社が決められる。	賃金	会社が自由に決められるが、有給とするのが一般的。
従業員が取得を申し出たら拒むことはできない。従業員は、会社側の承認がなくても取得できる。理由を話す必要もない。	取得	従業員から取得を申し出て、会社がそれを承認したら取得できる。取得理由を尋ねてもよい。

休日・休暇

有休は出勤率8割以上の人に与える

■法改正後は有休消化も義務化

正社員・パートタイマーにかかわらず、一定の要件を満たした従業員には年次有給休暇（有給休暇）を与えることが定められています。働き方改革では、有給休暇の消化も義務化されるので注意します（P60参照）。

有給休暇の付与条件は、継続6ヵ月勤務、出勤率80％以上。以降、勤続年数に応じて増えます。出勤率は、出勤日数を所定労働日数で割って算出。計算に含めないものもあるので気をつけてください。

会社は申請に応じて休暇を与えますが、時季の変更を求める権利があります。また、申請期限など細かなルールも決めることができます。

有給休暇の賃金は、①所定労働時間働いた場合の賃金、②有給休暇取得日を算定事由発生日として平均賃金を計算（計算方法はＰ１３９参照）、③健康保険料の標準報酬月額を30日で割った金額、から選択。

一般的なのは、計算不要な①。②は賃金額を抑えられますが、毎回計算が必要。③は労使協定が必要で、健保非加入者には適用できません。

“有休消化”のトラブル対策

退職直前にたまった有給休暇をまとめて取得する従業員は多く、引き継ぎが終わらなかったり、経費がかかるなどのトラブルのもとになっています。

対策のひとつとして、有給休暇を買取る方法もあります（買取は原則禁止だが退職時は OK）。買取額や方法に決まりはありません。

有給休暇を付与する条件と日数

注意！

・年次有給休暇
・産前産後休業
・介護休業

・業務上の病気やケガが理由で休んだ日

これらは通常通り出勤したものとみなし、出勤日数に含めなければならない。

$$出勤率 = \frac{出勤日数}{所定労働日数} \times 100$$

→ 80%以上なら勤続日数に応じた有給休暇を与えなければならない

注意！

・会社都合による休業
・ストライキの日

・休日労働した日
・休職していた期間

就業規則で労働義務が課せられた日の合計なので、これらは含まない。

付与日数の例（週30時間以上または週5日以上働く正社員の場合）

勤続日数	6ヵ月	1年 6ヵ月	2年 6ヵ月	3年 6ヵ月	4年 6ヵ月	5年 6ヵ月	6年 6ヵ月	--------
付与日数	10日	11日	12日	14日	16日	18日	20日	20日以上は 増えない

会社が決められるルール

❶ 取得時季の変更を求めることができる

繁忙期などで、休まれると業務に差し支える場合などは、取得時季を変更してもらうよう交渉することができる。

❷ 申請期限を決めることができる

急に休みを取られると会社は困ってしまう。「取得の○日前まで」というように申請期限を設けることができる。

❸ 消化する順序を決めることができる

有給休暇が翌年に繰り越された場合、繰越分から使うか新規分から使うかを会社が決めることができる。

❹ 有休を時間単位で与えることもできる

労使協定を結べば、1年のうち最大5日分（前年の繰越分も含む）を時間単位で与えることができる。

この他、会社が計画的に有給休暇を与えることができる「計画的付与制度」も（P61 参照）。ルールをうまく活用して取得を促しましょう。

人事・懲戒・休職

不当な人事異動は認められない

■「人事権の濫用」なら無効にも

転勤や配置換えなどの人事異動は、会社の持つ業務命令権にあたり、就業規則に記載していれば従業員の同意なしに行うことができます。これを「包括的同意」と言います。

ただし「転籍」の場合は、いったん契約を解消して転籍先と契約を結ぶため、従業員の「個別的同意」が必要となります。また、職種を限定した「限定社員」や有期契約社員も、限られた範囲内でしか人事異動を行うことができません。

近年では、人事異動をめぐるトラブルや訴訟も増えています。契約の際には就業規則で周知を図るだけでなく、雇用契約書にも明記し、個別に確認しておくべきでしょう。

さらに注意が必要なのは、人事異動が会社による「人事権の濫用」とみなされるケース。①業務上必要がない、②従業員の不利益となる、③悪意や不当な動機がある、と見られると人事権の濫用とされ、無効となってしまいます。円満な人事異動のためには、丁寧な説明が必要になります。

要チェック

出向では労働条件を十分検討

出向では、雇用しているのは元の会社でありながら、出向先の指揮命令下で働くことになります。
労働時間や労災対応などは、出向先の規定が適用されますが、賃金については出向元が一部補う場合もあります。
出向前より労働条件が低下する場合は、補償内容について従業員と十分話し合う必要があります。

人事異動にはさまざまな種類がある

～企業内で行われるもの～

●配置換え
職務内容を変更したり、社内の別部署などへ異動させること。

●転勤
配置転換に伴って、別の支店等へ勤務場所を変更すること。

●昇進や降格
課長や部長といった役職への任命や、解任、降格など。

●出張
業務遂行のために、一時的に場所を移して働くこと。

●応援や派遣
働く場所を一時的に移し、移動先の指揮命令のもとで働くこと。

～企業間で行われるもの～

●出向
会社に在籍したまま、関係企業や他者の指揮命令下で働くこと。雇用関係は継続しているので、業務命令として行うことができる。

●転籍
元の会社との雇用関係を終了し、出向先の会社と雇用関係を締結する。雇用関係をいったん解消するため、従業員の同意が必要となる。

むやみな人事異動は無効となる場合がある

業務上必要がない場合

人事異動は、業務にとって必要な場合にのみ、「業務命令権」に基づいて行われる。業務上必要のないものは認められない。

- 些細なミスを理由に降格する
- さしたる理由もないのに配置換えをする

それによって従業員が被る不利益が大きい場合

業務上の必要性と、従業員本人やその家族の生活にとっての不利益を比較して、不利益が大きい場合は認められない。

- 降格で給与が下がり、育児に差し障りが生じた
- 通勤時間が長くなり、家族の介護ができなくなった

悪意や不当な動機がある場合

労働組合での活動妨害や、退職を促す目的で閑職へ異動させるなど、合理的でない人事異動は認められない。

- 組合活動を理由に人事異動を行った
- 退職に追い込むことを目的とした配置換えなど

人事・懲戒・休職

秩序を乱す者には制裁を科すことができる

■ルールにしたがい公正に処分

　会社の秩序を乱す行為に対して、会社は戒告や減給、懲戒解雇などの処分を下すことができます。ただし、懲戒処分のルールはあらかじめ就業規則に明記しておくことが必須。懲戒の対象となる行為「懲戒事由」とそれに対する処分を具体的に規定しておきます。規定のない処分は認められません。

　処分のルールは、必ず懲戒事由の重さに対応していること。些細な行為に重すぎる処分を下すことは権利の濫用として無効になります。ただし、軽い事由でも繰り返し行われた場合に処分を重くするのはOK。その可能性についても細かく規定し、就業規則に記載しておきます。

　懲戒制度の運用でとくに気をつけたいのは、公正さです。個人的な感情が影響しないように、経緯や背景などを冷静に調べ、複数の役員などが審議して判断します。本人の弁明を聞くことも忘れないでください。また、後に訴訟になったときに備えて調査や審議はきちんと記録し、保存しておきましょう。

懲戒解雇なら退職金は？

従業員を懲戒解雇とした場合は、退職金を一部、または全額支払わない会社がほとんどです。
ただし、懲戒解雇時の退職金の扱いについて、就業規則に定めていない場合は、通常の解雇時（P174 参照）と同様に、退職金を支払う必要があります。

懲戒処分にはさまざまな種類がある

❶戒告・けん責
口頭や文書で「もうしてはいけない」と戒める。けん責では始末書を提出させる。

❷減給
賃金から一定額（1回の処分につき、平均賃金の1日分の半額以下）を差し引く。

❸出勤停止
一定期間出勤を禁じる。停止期間中は賃金を支給せず、勤続年数にも加えない。

❹降格
職務上の地位を引き下げる。結果として毎月の賃金が下がることもある。

❺懲戒解雇
解雇予告手当を支払わず、即時解雇できるとされる。再就職に不利になることも。

❶から❺の順で、制裁が重くなる。懲戒解雇はよほどのことがない限り認められない重い処分。懲戒解雇を緩和した処分として、退職届を提出させて退職金を支給する「諭旨解雇」も。

処分はルールにしたがって適正に行う

POINT 1 就業規則に処分の事由と内容を定める

どんな行為が懲戒処分の対象となるか（懲戒事由）、どの事由にどんな処分をあてるかについて、あらかじめ就業規則に明記する。

〈懲戒事由〉
経歴詐称／業務上の非違行為／業務命令違反／服務規律違反／会社施設や物品の私的利用／私的な行動で会社の信用を傷つけたりしたとき（犯罪行為や秘密漏えい）など

POINT 2 処分を行う際はルールを守る

懲戒処分を行うときには、右記のようなルールがある。これらのルールを守らないときは、懲戒処分が無効となる場合もある。

〈ルール〉
1 処分の重さは、行為の重さに相当するものであること。
2 ひとつの違反行為に対して、2つ以上の処分を行うことはできない。
3 同じ違反行為なら、すべての従業員に対して処分も同じ。

POINT 3 公正な視点を重んじて手続きをする

事実関係の調査はもちろん、複数の役員で審議をしたり、本人の弁明を聞くなどして、公正さを欠かないよう注意する。

懲戒処分の妥当性が争われた場合に備え、審議・決定内容は保存しておきましょう。

人事・懲戒・休職

休職させる場合について就業規則に明記

■細かいルールの規定も必要

休職とは、雇用関係を続けたまま、一定期間の労働義務を免除する制度。事故や病気による私傷病休職のほか、左記に記すようにいくつかの種類があります。通勤や業務中の事故、災害による労災休業は、労基法が整備されているので含まれません。

休職制度は法律で定められているわけではないため、会社が自由にルールを決めることができます。

小さな会社では、他の従業員への負担や業務への支障を考慮し、休職期間は1～6ヵ月というのが一般的。賃金の支払いについても決まりはありませんが、健康保険から賃金の一部を支給する傷病手当制度もあるため、ほとんどの会社は無給です。

ただし無給の場合、雇用保険料は発生しませんが、社会保険料は発生するので注意します。従業員負担分の社会保険料のほか、住民税の徴収方法についても規定が必要です。

他にも、復職の時期や復職後の業務など定めておくべき事項があります。あらかじめ就業規則に明記しておきましょう。

要チェック

復職については柔軟に対応

休職後にスムーズに復職してもらうためには、復職に関する規定を設けておくことが大切。治癒したことを示す診断書の提出などは必須です。
実際には、復職といっても休職前と同じ働き方ができない場合も多いため、時短勤務にしたり、状況に合わせて休職期間を延長するといった柔軟な対応が必要です。

やむを得ないものや罰としての休職がある

私傷病休職
業務以外の私的な理由による病気やケガが原因で休職すること。

事故欠勤休職
失踪など、病気やケガ以外の何らかの自己都合によって休職すること。

起訴休職
従業員が刑事事件で起訴された場合、一定期間休職させること。

懲戒休職
不正行為などを行った従業員に対して、一定期間休職させること。

専従休職
従業員が労働組合の活動に従事している期間、休職扱いとすること。

出向休職
他社に出向中の従業員を、便宜上休職扱いとすることもある。

自己都合休職
海外留学や公務などに就いている期間、休職扱いとすること。

就業規則に定めておくべき事柄

◎どんなときに休職を適用するか（事由）
私傷病休職（上記）が主なもの。「○日以上経過したとき」など、開始時期も明記。

◎休職期間や回数
休職期間は勤続年数に応じて決める場合が多い。休職回数の限度も決めておく。

◎休職中の賃金
支給の有無は会社が自由に決められる。支給するかどうかを明記しておく。

◎勤続年数に通算するか否か
休職していた期間を、勤続年数に加えるか否かを明記する。

◎休職中の社会保険料や税金
社会保険料を会社が立て替えるか否か、税金の徴収方法などを決めておく。

◎休職中の連絡義務など
休職中も雇用関係は続く。診断書の提出など、状況を報告させる手段なども明記。

◎復職を判断する条件
復職の流れや、提出書類などの手続きについて明記しておく。

◎休職中や休職後の退職について
休職中に退職する場合や、休職期間を満了した際に復職できない場合の退職について。

メンタルヘルス不調の増加もあり、休職制度を整えて利用しやすいようにしておくことは急務と言えます。

非正規社員

派遣社員の待遇や健康を守る義務がある

■期間制限や待遇差をチェック

派遣労働とは、事業所（派遣先）が派遣元と労働者派遣契約を結び、労働者を派遣してもらう雇用形態。派遣先には、採用の手間やコストがかからず、必要な期間に必要な即戦力を得られるメリットがあります。

派遣社員は派遣先の指揮命令下にありますが、労働契約は派遣元と結びます。派遣社員を使うときには、次の3点に注意してください。

①派遣社員は自社の就業規則ではなく、派遣元の就業規則が適用される。②派遣期間には制限がある。原則的に、同じ人を同一事業所の組織に派遣できる期限は3年。同一派遣先の事業所で派遣を受け入れることのできる期限も3年。違反は罰則の対象にも。③派遣社員との間に直接労働契約はないが、一部労基法が適用される。派遣先は、派遣社員が働きやすい環境を整える責任を負う。

働き方改革では、派遣社員にも派遣先の社員と「均等・均衡」な待遇が求められることになりました（P30参照）。不合理な待遇差が生じていないか確認が必要です。

＋α知識

違法派遣＝直接雇用！

期間制限を超えた受け入れや、偽装請負（労働者派遣契約を結ばないのに、実態は派遣社員）など、違法に派遣社員を受け入れた場合、違反状態となった時点において派遣先は派遣社員に直接雇用の申し込みをしたとみなされます。ただし、派遣社員が申し込みを承諾しなかった場合は、労働契約は成立しません。

派遣労働の基本的な仕組みとルール

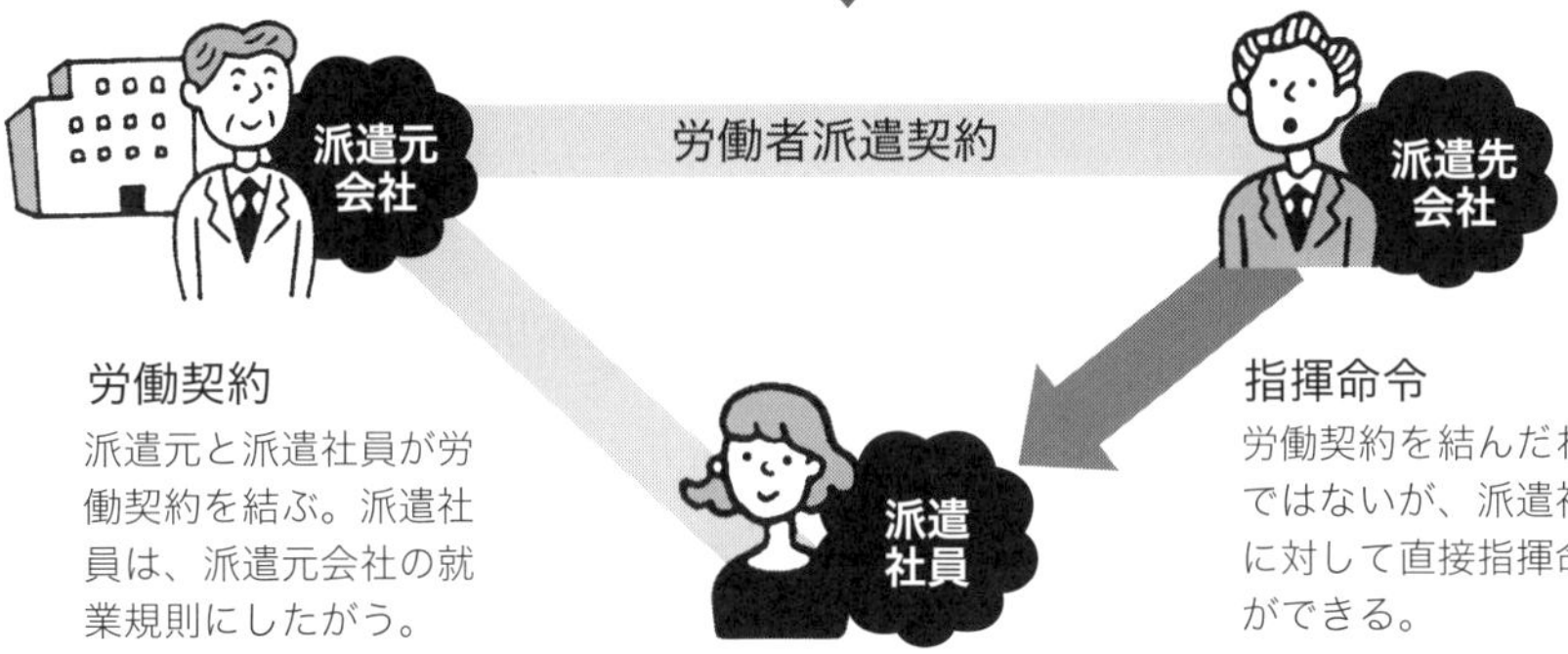

労働契約

派遣元と派遣社員が労働契約を結ぶ。派遣社員は、派遣元会社の就業規則にしたがう。

指揮命令

労働契約を結んだわけではないが、派遣社員に対して直接指揮命令ができる。

【受け入れ期間のルール】

・個人単位では、同一組織で３年を超えて受け入れることはできない（同一組織で派遣社員が変わったり、他の課に移ればOK）

・事業所単位では、派遣社員を３年を超えて受け入れられない。ただし、３年ごとに派遣先と過半数労働組合（ない場合は過半数の従業員の代表者）が確認しあうことで延長できる

派遣社員が働きやすい環境を作る義務がある

待遇面で他の社員と不当な差別をしない

通常の社員と同じ便宜を図る。給食施設や休憩室の使用などで差別しない。

同一労働同一賃金
…第1章参照

責任者を選任し、台帳を作って管理する

部署ごとに派遣先責任者を選任し、派遣先管理台帳を作成・保存する。

産前産後の健康や労働環境に配慮する

産前産後の母体や育児への配慮は、通常の社員と同じように行う。

苦情処理体制を整える

派遣社員の相談窓口を作ったり、ハラスメント防止に関する配慮を行う。

正社員募集の情報を周知する

継続して１年以上受け入れている派遣社員には、正社員の募集情報を周知。

正規社員との待遇を見比べ、不合理な格差は正す。

非正規社員

有期契約社員はルールを守って活用する

■「雇い止め」が無効になる場合も

有期契約社員とは、期間に定めのある雇用契約で働く社員のこと。解雇や待遇の格下げが難しい通常の社員に比べ、繁忙期のみ働いてもらえたり、契約期間満了時に雇用条件を見直せるメリットがあります。

ただし有期契約には、募集や採用などに細かいルールが定められています。よほどの理由がない限り、契約期間中の解雇は認められないので気をつけてください。

さらに注意したいのが「雇い止め」。雇い止めとは、契約期間満了時に更新しないことですが、契約が何度も更新されていたり、上司から「辞めないでね」などと更新を期待させる言動があった場合、雇い止めが無効になることがあります。

働き方改革では、有期から無期への転換を促す「無期転換ルール」を設けるなど、雇い止めの条件は厳しくなっています（P46参照）。有期契約社員を使う場合には、雇い止めや更新のルールについて就業規則に記載し、更新を期待させるような言動は控える注意も必要です。

教えて！

有期契約社員の異動は可？

有期契約社員は雇用期間が設定されているため、基本的に人事異動はないのが一般的ですが、人事異動を行うかどうかは会社が自由に決めることができます。
人事異動を行う際は、有期契約社員用の就業規則にその旨を明記。人事異動の内容が通常の社員と同じなら、同じ待遇をしなければならないことにも注意しましょう。

有期契約社員を活用するときのルール

募集時

「有期契約社員を募集する」と明示する

人材募集の際は、「有期契約社員」を募集することを明示。募集者増をねらって、「正社員募集」などとだけ記すのはNG。

雇い入れ時

労働条件や契約期間などを明示する

労働条件の明示（P122参照）に加え、契約期間、更新の有無、更新の判断基準などを明示。契約期間については、募集時は書面またはメール、契約時は書面での明示が必要。

契約期間中

同一労働同一賃金…第1章参照

通常の社員との不合理な待遇格差をなくす

契約期間のみを理由に通常の社員と差をつけるのはNG。職務内容の違いや人事異動の有無などを考慮したうえで、不合理な待遇格差があってはならない。

解雇

原則として期間中は解雇できない

契約期間の上限は3年（専門的な知識を持つ場合などは5年）。期間を全うすることが優先され、よほどのことがない限り満了前に解雇することはできない。

雇い止め

普段から更新を期待させないよう注意

雇い止めは正当な手段だが、契約更新が期待されるような理由があると無効となる場合がある。短期契約を何度も繰り返すことも、無期雇用とみなされる場合があるのでNG。

注意したいのが契約期間です。有期雇用契約では、原則として試用期間を設定しません。職務能力に不安があって様子を見たい場合は、契約期間を半年程度と短めに設定するといいでしょう。

非正規社員

パートタイマーか否かは就労実態で判断

■不合理な待遇差は違法になる

パートタイマー（短時間労働者）とは、1週間の所定労働時間が、同じ部署の社員より短い労働者。就労実態で判断されるので、「アルバイト」「契約社員」などと呼ばれていても、該当すればパートタイマーです。一方、「パートさん」と呼ばれていても、所定労働時間が通常の社員と同じならあてはまりません。

パートタイマーを雇い入れるときには、通常の社員と同じように賃金や労働時間を書面で通知する（P122参照）ことに加え、昇給や退職手当、賞与と相談窓口についても文書などで明示します。

働き方改革では、パートタイマーと正社員との不合理な格差是正を推進しています。派遣社員や有期契約社員同様、「同一労働同一賃金」が基本。職務や人事異動などの条件が同じなら、パートタイマーという理由だけで賃金・福利厚生・教育訓練などの待遇に格差を設けるのは違法です。また、希望者には、キャリアアップや正社員転換のチャンスを与えることも求められています。

＋α知識

非正規社員の労働保険と社会保険

労働保険と社会保険は、それぞれの加入要件（雇用期間や労働時間など。厚労省のHPなどで確認できる）を満たした場合、非正規社員も加入します。

雇用期間や労働時間は、雇用契約書や労働者名簿などをもとに判断します。未加入でいた場合、２年前までさかのぼって保険料を徴収されることがあります。

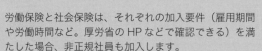

パートタイマーに対してすべきこと

1人でも雇う場合は労働条件を明示

正社員と同じ事項（P122参照）に加え、昇給・退職金・賞与の有無、相談窓口についても通知。

パートタイマー向けの相談窓口を作る

雇用状況や待遇などについての相談先（部署、担当者など）を決める。

正社員へ転換する機会を設ける

従業員が希望する働き方ができるように配慮することが求められている。

待遇格差には注意しなければならない

通常の労働者と比較して…

- 職務（業務の内容と責任の程度）が同じ
- 人事異動の有無や範囲が、雇用期間を通じて同じ

→ **パートタイマーであることを理由に差別的に扱ってはいけない**

賃金・賞与・役付手当

教育訓練の実施

賃金などは「均等待遇（同じ扱い）」、教育訓練の実施は「均衡待遇（違いに応じた扱い）」が求められる。

比較対象の「通常の労働者」は、職務や人事異動の範囲などが同じで契約期間の定めのない社員を指します。

妊娠・出産・育児・介護

産後8週間は請求されなくても休ませる

■「マタハラ」対応も企業の義務

会社は法令により、従業員の妊娠から育児において母体を気遣い、保護に努めることが定められています。妊娠や出産を理由にした不利益な取り扱いが違法とされるだけでなく、育児制度を利用する従業員に対する嫌がらせなど、いわゆる「マタハラ」についても、適切な対応をとることが会社に義務づけられています。

休業については、請求があれば産前6週間から認めます。産後は、請求がなくても、8週間は休業させなくてはなりません。

また、産前産後の健診や通院時間を確保したり、危険有害業務に就かせないよう配慮することも法令で定められています。請求があれば、時間外労働や深夜労働も免除します。

このような措置で勤務を短縮した従業員に対し、会社は賃金を控除することができます。産前産後の休業中には健康保険から出産手当金が支給されるため、ほとんどの会社は無給としています。また、健康保険の被保険者または被保険者の被扶養者には出産一時金が支給されます。

要チェック

社会保険料も免除される

産前産後休業期間中と育児休業期間中は、雇用保険料だけでなく、社会保険料も免除されます。社会保険料は、従業員負担分と会社負担分の両方が免除されます。
雇用保険料の免除については手続きは必要ありませんが、社会保険料の免除は、休業期間中に年金事務所などでの手続きが必要となります。

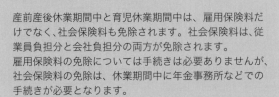

産前産後には母体を気遣う措置をとる

休業	主な措置		給付金
産前休業 出産予定日からさかのぼって6週間（多胎児は14週間） 請求があれば休業を認める	**保健指導や健康審査を受ける時間を確保する** ・23 週目まで：4 週間に 1 回 ・24 ～ 35 週目まで：2 週間に 1 回 ・36 週以降：1 週間に 1 回 **医師の診断がある場合に行う措置** ・通勤の配慮（時間差で通勤させたり、勤務時間の短縮を認める） ・休憩の配慮（時間を延長したり、回数を増やしたりする） ・作業量を減らす、休業させるなど **請求されたら軽易な業務への転換を認める**	妊産婦を、妊娠・出産・保育などに有害な業務に就かせることはできない 請求されたら時間外労働、深夜労働、休日労働を禁止する	**出産手当金** 出産日以前 42 日から出産翌日以後 56 日目までのうちに休んだ期間が対象［支給開始日以前 12 ヵ月間の各標準報酬月額を平均した額÷30 日× 2/3 ×休業日数］ **出産育児一時金** ［一児につき 42 万円（産科医療補償制度に未加入の医療施設での出産は 40 万 4000 円）］
出産			
産後休業 出産日の翌日から8週間（労基法上） 請求がなくても休業させる	**保健指導や健康審査を受ける時間を確保する** ・医師の指示にしたがって必要なとき（出産後 1 年以内） **医師の診断がある場合に行う措置** ・作業量を減らす、休業させるなど **請求されたら「育児時間」を確保する（産後 1 年以内）**		産後 1 年以内の育児時間とは、1 日 2 回それぞれ 30 分以上を育児にあてるもの。いつ取得するかは従業員が決め、1 日 1 時間として、退出時間を早めるなどの使い方をします。

妊娠・出産・育児・介護

育児休業は性別を問わず与える

■男性の育休も法律が後押し

育児休業（育休）とは、子どもが1歳になるまで、男女とも取得できる制度。従業員から育休の請求があった場合、会社は必ず取得させる義務があります。育休取得を理由に不利益な扱いをするのは違法です。

子どもが1歳で保育園に入所できない場合、1歳6ヵ月まで延長可能。さらに改正法により、最長2歳までの再延長も可能となりました。

以前は、労使協定を結ぶことにより専業主婦の夫を育休から除外できる規定がありましたが、現在、この規定は廃止。働き方改革では、男性の育休取得を強力に推進しています。また、夫婦で育休を取ると、要件を満たせば1歳2ヵ月まで延長ができる「パパ・ママ育休プラス」という特例制度もあります。

育休中、雇用保険の被保険者には給付金が支給されます。延長期間も原則として支給対象とされています。

雇用保険には、会社が受けられる助成金制度もあります。ただし、あらかじめ就業規則での規定が必須。ハローワークで相談してください。

＋α知識

就学前までの支援制度

育児休業のほか、３歳未満の子どもがいる従業員を対象に、１日の所定労働時間を原則６時間とする「短時間勤務制度」や、予防接種などで利用できる「子の看護休暇」など、さまざまな育児支援制度が設定されています。
母体保護を目的とした制度以外は、男性従業員であっても、申し出があれば取得させなければなりません。

育児休業制度のルール

対象者

◉１歳未満の子を養育する男女の従業員のうち、以下の要件を満たす者。

無期契約社員

パートタイマーなどの短時間労働者も含む。ただし、日々雇用者は除く。

有期契約社員

申請時点で以下の要件を満たす者なら取得できる。

① １年以上雇用されている
② 子が１歳６ヵ月になるまでの間に雇用契約がなくなることが明らかでない

〈育児休業給付金額〉

賃金日額×67%×休業日数

賃金日額は、休業開始前６ヵ月の賃金を180で割った額。下線部は、休業開始から６ヵ月経過後は50%で計算する。

申請と届出

◉**取得を望む従業員が会社に申請する。**
→会社はハローワークや年金事務所に届け出る。

◉**申請の回数**：原則として１人の子につき１回。

◉**申請時期**：原則として育児休業を開始する日の１ヵ月前まで。

休業期間

◉**原則として子が１歳に達する日（誕生日の前日）までの間で、従業員が申請した期間。**

◉**やむを得ない理由がある場合は、１歳６ヵ月まで延長することができる。**

◉**会社に申し出ることで、最長２歳まで再延長することもできる。**

両親ともに育休を取得すると特例が認められる

パパ休暇

原則として育休取得は１回までだが、出生後８週間以内に父親が育休を取得・終了していれば、再度育休を取得できる。

パパ・ママ育休プラス

両親ともに育休を取得する場合、どちらかが１歳までに取得するなどの要件を満たせば、１歳２ヵ月まで延長して取得できる。

両方を同時に取得したり、断続的な取得も可。詳細は最寄りの労働局雇用環境・均等部（室）へ問い合わせてみましょう。

妊娠・出産・育児・介護

介護休業を申請されたら認める

■介護と両立できる職場づくりを

介護休業とは、対象となる家族が要介護状態にある場合、介護のために休むことができる制度です。育児・介護休業法に基づいて行われ、要件を満たす従業員から請求があれば、会社は認めなくてはなりません。介護休業の取得を理由に不利益な取り扱いをすることは、もちろん厳禁です。

介護者支援のための制度は、他にもいくつか設けられています。どの制度を利用する場合にも、労働しない分の賃金を支払う必要はありませんが、あらかじめ就業規則に明記しておくと安心です。

雇用保険からは介護給付金が支給され、手続きは会社が行います。期限があるので申請を忘れないこと。また、介護支援に積極的に取り組む会社には、助成金制度もあります。

高齢化が進むなか、働き方改革では、仕事と介護を両立できる職場整備を進めています。介護支援制度は頻繁に改正されています。法改正や省令をチェックする必要があります。

介護休業期間中は保険料を支払う

産前産後休業（P158 参照）や育児休業（P160 参照）の場合、健康保険料や厚生年金保険料の支払いは免除されますが、介護休業は別です。
介護休業期間中は、従業員に賃金を支払っていてもいなくても、上記の保険料を支払う義務があるため、注意が必要です。

介護支援制度のルール

対象者

◉要介護状態にある家族を介護する従業員のうち、以下の要件を満たす者

無期契約社員

パートタイマーなどの短時間労働者も含む。
ただし、日々雇用する従業員は除く。

有期契約社員

申請時点で以下の要件を満たす者なら取得できる。

① 1年以上雇用されている
② 休業開始予定日から93日経過する日から6ヵ月を経過する日までに雇用契約がなくなることが明らかでない

[労使協定によって対象外にできる従業員]

◆入社1年未満の従業員
◆申し出の日から93日以内に雇用期間が終了する従業員
◆1週間の所定労働日数が2日以下の従業員

申請

◉原則として、介護休業を開始する日の2週間前までに従業員が会社に申請する。

期間

◉対象家族1人につき、最大3回まで、通算93日を限度として従業員が申し出た期間。

〈介護休業給付金額〉

休業開始時の賃金日額×休業日数×67%

休業開始時の賃金日額は、介護休業開始前6ヵ月間の賃金総額÷180。支給額には上限があり、毎年8月に見直される。

介護休業の他にも支援制度がある

所定労働時間の短縮など

短時間労働、フレックスタイム制、時差出勤、介護サービス費用から、会社がいずれかの措置を選択するもの。

所定外労働（残業）の免除

対象家族の介護の必要がなくなるまで、残業等の免除を受けることができる。

介護休暇

対象家族1人につき1年に5日まで（2人以上なら10日）取得できる。半日単位も可。

時間外労働の制限・深夜労働の免除

介護の必要がなくなるまで、時間外労働は1ヵ月24時間・1年150時間までに制限され、深夜残業も免除される。

労働災害・安全衛生

すべての従業員が労災保険の対象となる

■アルバイト1人でも加入は義務

労災保険とは、従業員の業務や通勤によるケガ・疾病・死亡に対し、被保険者や遺族に給付金が支払われる国の制度。会社が保険料を支払い、支給事由が発生すると国から従業員に給付金が支払われる仕組みです。従業員の負担はありません。

加入は事業所単位。1人でも従業員がいれば強制加入となります。日雇いのアルバイトなど雇用保険が適用されない人も含め、全従業員が対象なので注意してください。

保険料は、事業所ごとに従業員の賃金総額に保険料率を掛けて算出。年に一度更新し、雇用保険とともに申告納付します。

労災保険は原則、従業員が対象なので、社長や役員、社長の親族は適用外ですが、会社から指揮命令を受けて働く「名前だけの役員」や、会社の指揮命令下で他の従業員と同様に働く親族の場合には加入が認められることもあります。また、左記のように一定の要件を満たす社長や役員、親族には、任意で加入できる「特別加入制度」もあります。

＋α知識

労働保険事務組合とは？

会社から委託を受けて労働保険の事務処理を行う、中小事業主などの団体。委託によって事務の手間が省けるほか、特別加入できたり（左記参照）、保険料を３回に分割納付できるといったメリットがあります。
委託する際は、入会金や委託手数料などが必要になる場合があるので確認しておきましょう。

会社単位で加入して保険料を支払う

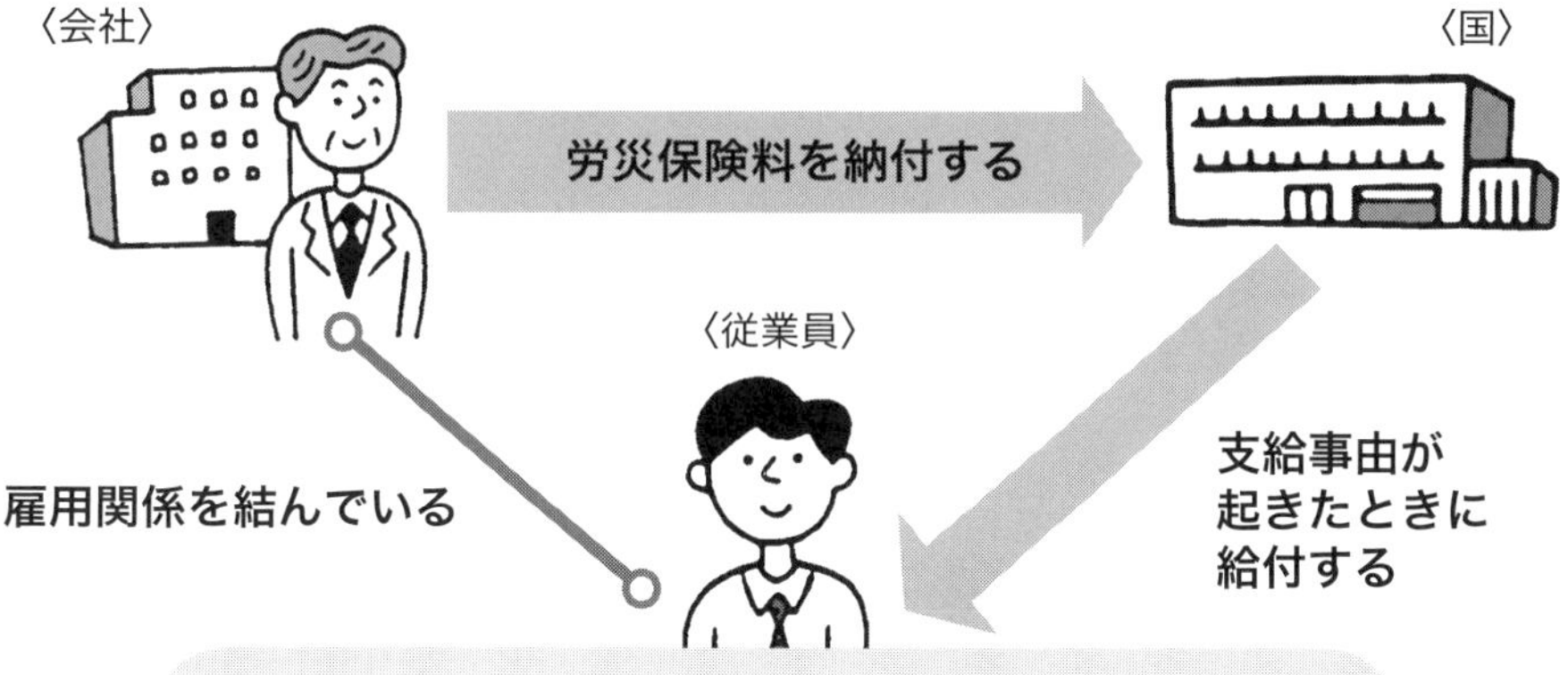
〈会社〉
〈国〉
労災保険料を納付する
〈従業員〉
雇用関係を結んでいる
支給事由が
起きたときに
給付する

- 正社員
- 有期契約社員
- パートタイマー
- アルバイト
- 日々雇用する従業員

原則としてすべての労働者が対象。業務上の原因で病気やケガをした場合のほか、通勤中のケガなども補償（業務外は健康保険の対象）。

特別加入制度の要件とは

要件１
業種別に右記の人数の一般従業員を常時雇用している

金融・保険・不動産・小売：50人以下
卸売・サービス：100人以下
上記以外：300人以下

要件２
雇用している従業員と保険関係が成立している

要件３
労働保険の事務を労働保険事務組合に委託している

これらを満たす社長や役員 など

任意で労災保険に加入できる

複数の事業を経営する場合は事業ごとに承認が必要。また要件２を満たすには、保険関係成立届を労基署に提出するなどの適正な手続きが必要。

労働災害・安全衛生

労災が起きたら労働基準監督署に報告

■労災の判断は労基署に委ねる

労災には、業務が原因の「業務災害」と通勤が原因の「通勤災害」があります。いずれの場合も、労災か否かの決定権は労基署にあり、会社に権限はありません。

労災の補償には、治療費を給付する療養給付のほか、障害給付や遺族給付など、ケースに応じた補償があります。

従業員は、治療の際に労災保険指定医療機関を受診して給付請求書を提出すれば、窓口での支払いは不要。それ以外の医療機関の場合は、健康保険を使わずに治療費を立て替えておき、後日払い戻しを受けます。

会社が行うべき手続きは、①休業補償の一部支払い、②労災事故の労基署への報告、③休業もしくは死亡したとき「労働者死傷病報告」の労基署への提出、の３つです。

請求は従業員本人または遺族が行います。労基署備え付けの請求書を提出すると、労基署が調査・認定し、給付金が支給されます。ただし、請求書には会社の証明が必要なので、多くの場合、会社が代行します。

要チェック

治療は労災指定病院で

労災の治療の際は、労災指定病院を受診。「療養（補償）給付たる療養の給付請求書」を提出（事業主の証明欄あり）すれば、費用を支払うことなく治療を受けられます。それ以外の病院を受診した場合は、いったん治療費を全額払い、後日「療養（補償）給付たる療養の費用請求書」を労基署に提出。受理されると全額返金されます。

労災のケースごとにさまざまな補償がある

医療機関で治療を受けた →	治療費が支給される（療養給付）
療養のために休業した →	休業4日目から、1日につき平均賃金に相当する額の80％が支給される（休業給付＋休業特別支給金）
障害が残った →	障害の等級に応じて年金または一時金と特別支給金が支給される
療養を始めてから1年6ヵ月経つが、治癒しない →	傷病の等級に応じて年金または一時金と特別支給金が支給される
介護が必要になった →	介護費用として支出した額が、上限（10万5290円）付きで支給される
死亡した →	遺族に年金または一時金と特別支給金が支給される／遺族に葬祭費用が一定額支給される（葬祭給付）

会社がしなければならないことを覚えておく

休業する場合に補償の一部を直接支払う

業務災害も通勤災害も、休業（補償）給付が受けられるのは、休業4日目から。業務災害の場合、初日～3日目の休業補償（賃金の60％以上）は会社が支払う。

死傷病報告を提出する

休業者や死亡者を出したら、労働者死傷病報告を労基署に提出。休業が4日未満なら四半期ごとにまとめて、休業がそれ以上または死亡なら、発生後速やかに提出する。

労災事故が起こったら労働基準監督署に届け出る

労災保険の手続きは、多くの場合会社が代行する。労災にあたるか迷った場合もひとまず届け出て、労基署の判断に委ねる。

大前提として、労災のリスクとなる病気や事故を防ぐことは会社の義務です（安全配慮義務）。

労働災害・安全衛生

職場の安全衛生を守る担当者を決める

■安全配慮を怠れば損害賠償も

　安全衛生法では、会社は労災を防止するだけでなく、従業員の安全と健康確保に努めることが定められています。また労働契約法では、従業員が安全に働けるよう配慮する「安全配慮義務」を会社が負うことも明記されています。

　例えば長時間労働や職場でのハラスメントなどで従業員が心身の健康を害したり、設備や現場での安全対策を怠ったためにケガや病気、死亡事故が発生すれば、安全配慮義務違反とされます。民事訴訟で従業員や遺族から多額の損害賠償を請求されたり、刑事責任を問われたりすることもあります。

　法令では、事業規模や業種に応じた安全衛生管理のスタッフをおくことが定められ、担当者には法定の講習受講や国家資格取得などの要件が求められています。

　また、一定規模以上の事業場では、産業医や衛生管理者からなる衛生委員会設置が義務づけられており、業種によっては安全委員会または安全衛生委員会の設置も必要となります。

要チェック

健康診断の結果は５年間保存

会社は、年に一度は定期健康診断を行う義務があります。対象となるのは、次のいずれかの常時雇用者です。①契約期間の定めのない社員。②１年以上雇用または雇用が予定され、１週間の労働時間が①の社員の所定労働時間の４分の３以上。

健診結果は会社で５年間保存。50 人以上の事業場では、労基署へ健診結果を届け出ることも必要になります。

職場に合った安全衛生管理担当者（P68参照）を選任する

<table>
<tr><th>従業員数</th><th colspan="4">担当者</th><th>委員会</th></tr>
<tr><td></td><td>衛生
推進者</td><td>衛生
管理者</td><td>産業医</td><td>総括安全
衛生管理者</td><td>衛生
委員会</td></tr>
<tr><td>100人～</td><td rowspan="2">—</td><td rowspan="2">※2 ○</td><td rowspan="2">○</td><td>※3 ○</td><td rowspan="2">※4 ○</td></tr>
<tr><td>50～99人</td><td rowspan="2">—</td></tr>
<tr><td>10～49人</td><td>※1 ○</td><td>—</td><td>—</td><td>—</td></tr>
</table>

※1・※2：建設業、運送業、清掃業、製造業、小売業などでは、「衛生推進者」の代わりに「安全衛生推進者」をおき、「衛生管理者」に「安全管理者」を加える。
※3：建設業、運送業などでは100人～、製造業や小売業などでは300人～、その他の業種は1000人～。
※4：建設業、運送業、清掃業、製造業では、従業員数によって「安全委員会」を併設する。

【それぞれの職務と要件】

安全衛生推進者・衛生推進者

従業員の危険や健康障害の防止措置、従業員への安全や衛生のための教育、健康診断の実施、労災の原因調査など。衛生推進者はこのうち衛生にかかわることを担当。

［要件］
法定の講習を受けなければならない。

安全管理者・衛生管理者

従業員の危険や健康障害の防止措置、従業員への安全や衛生のための教育、健康診断の実施、労災の原因調査などの、技術的事項の管理。衛生管理者はこのうち衛生にかかわることを担当。

［要件］
業種に応じた資格が必要。

産業医

健康診断や面接指導、その結果に基づく従業員の健康管理などを行う医師。事業者に対し、従業員の健康管理について勧告もできる。

［要件］
厚生労働大臣の指定する者が行う研修を修了しているなど、いくつかの要件のうちいずれかを備えた者。

総括安全衛生管理者

従業員の危険または健康障害を防止するための措置、従業員への安全または衛生のための教育、健康診断の実施や健康保持増進のための措置、労災の原因調査や再発防止などの統括管理を行う。

［要件］
事業場において、事業の実施を統括管理する権限や責任を持つ者（工場長など）。

労働災害・安全衛生

職場の良好な人間関係づくりも会社の役目

■社員の精神衛生にも配慮する

職場の安全衛生管理で注目されているのが、メンタルヘルスとハラスメント対策。働き方改革でも、上司や同僚との良好な人間関係づくりは、とくに重視されています。

メンタルヘルスのために導入されたのは「ストレスチェック制度」。質問票に記入して、ストレス度を測る検査です。常時使用する従業員が50人以上の会社では、要件を満たす従業員に対し、年に一度の実施が義務づけられました。

結果は本人にしか通知されませんが、本人の申し出により医師の面接指導を実施したり、就業上の措置が必要となるケースがあります。

また、パワハラやセクハラなどのハラスメントで従業員が体調を崩した場合、労災が認定されます。同時に会社は安全配慮義務違反とされ、慰謝料を請求されることもあります。

ハラスメント防止には、従業員に講習を受けさせるなど社内の意識改革が不可欠。就業規則に明記して周知を図るほか、ハラスメントの相談窓口も設置しましょう。

要チェック

従業員の健康状態を把握

精神障害と合わせて労災のリスクとして注目したいのが、脳や心臓の疾患です。労災か否かは、発症した場所や状況にかかわらず、本人の素地（体質や生活習慣など）と業務による過重負荷をもとに、総合的に判断されます。過重労働防止はもちろん、従業員の持病や健康状態については、法に抵触しない範囲で把握しておきましょう。

ストレスチェック制度が面接指導のきっかけに

【実施の流れ】

質問票を配布し、記入してもらう

↓

医師などの実施者がストレス状況を評価する

↓

直接本人に結果が通知される

↓

本人から面接指導の申し出があった場合

↓

医師による面接指導が行われる

→ 就業上の措置の要否や内容について医師から意見聴取し、措置を行う

質問票の回収も実施者が行い、第三者や人事権を持つ職員が閲覧してはいけない

結果は会社には知らされず、結果を知るには本人の同意が必要になる

【対象者の要件】

下記のいずれかの「常時雇用されている者」が対象となる。

❶期間の定めのない社員

❷1年以上雇用されている、または、雇用が予定されており、1週間の労働時間が❶の社員の所定労働時間の4分の3以上ある者

結果が本人にしか知らされない点が、定期健診と異なる。ストレスチェックと面接指導の実施状況は、毎年労基署に報告。

ハラスメント対策

◉何が「ハラスメント」にあたるのかを知ることから始める

セクハラ…交際を拒否されたので不利な配置転換をした／容姿や性的な内容について聞く／性的な内容の噂を社内で流す　など

パワハラ…暴力を振るう／仕事を教えなかったり席を隔離したりする／達成不可能なノルマを課す／単調な作業を与え続けるといった過小な要求

マタハラ…妊娠・出産を理由に退職を迫る／時短勤務を許さず、大量の仕事を押しつける　など

→ ハラスメントにあたる事柄やそれを考慮した部下への接し方については、専門家を招いた研修などを積極的に行い、学んでもらう。

◉ハラスメントについて就業規則に規定する

ハラスメントに対する会社の方針を定める。相談窓口の設置などの対策や、ハラスメントが確認された場合の加害者の処分についても明記しておく。

◉相談窓口を設けるなどの対処を実施する

相談窓口を、社内あるいは外部に委託して設置。訴えがあれば事実確認に基づいて判定し、加害者の処分を決める。必要に応じた配置転換や再発防止策も検討する。

退職・解雇

社員が退職する際は各種手続きを忘れずに

■退職時のルールは就業規則に

退職には、健康上の理由など本人の事情による自己都合退職と、定年や有期雇用の契約期間満了などの自然退職があります。いずれにしても、従業員が申し出れば退職は成立します。

退職届は口頭でも認められますが、トラブルを避けるためにも、書面での提出がお勧めです。

自己都合退職の予告期間は、民法で2週間前までとされていますが、引継ぎなどを考慮して30日前までとするのが一般的。ただ、退職届とともに有休を取得し、引継ぎもせずに退職してしまうケースもあるので、退職届や引継ぎのルールは、就業規則に明文化しておきましょう。

自然退職は、定めた就業規則により自動的に成立します。きちんと制度化して就業規則に記載します。

退職の際は、社員証や貸与携帯などを返却してもらい、未払い残業代など会社の債務と従業員への貸付金などの債権を清算します。退職金は義務ではありませんが、就業規則や労働協約に定めがあれば支給します。

同業他社への転職を阻止できる？

憲法では「職業選択の自由」が守られているため、退職者の転職や開業を止めることは原則としてできません。機密情報へアクセスできたり決裁の権限を持っていたりして、その従業員の転職や開業が自社の経営に影響を及ぼすような場合、就業規則で明記するなどの要件を満たせば認められることもあります。

それぞれのケースによって退職日が決まっている

退職

- **自己都合退職**　従業員からの申し出で退職する。
- **自然退職**
  - **●定年退職**
    会社が定めた退職年齢に達したことによる退職。
    《退職日》定年に達した誕生日など
  - **●休職期間満了後の退職**
    休職制度（P150参照）で、休職期間が満了しても復職できない場合の退職。
    《退職日》休職期間満了日
  - **●死亡退職**
    従業員が死亡した場合、労働契約は終了となる。
    《退職日》死亡した日
  - **●長期欠勤後の退職**
    猶予期間（一般的には1ヵ月程度）を過ぎて無断欠勤などが続いている場合、就業規則に定めていれば自然退職の扱いにできる。

    《退職日》定めた期間を経過した日

退職までに会社が行うべき手続き

- ☑ **賃金、社内預金などの清算**
  会社と従業員の間に、債権・債務が残っていないか確認、清算する。清算後は合意書をとっておくといい。
- ☑ **貸与していた備品や健康保険被保険者証を返却してもらう**
  社員証、貸与したパソコンや携帯電話、健康保険被保険者証などを返却してもらう。リストを作って確認。
- ☑ **社会保険や雇用保険の資格喪失手続き、住民税の手続き**
  退職届の提出を確認したら、それぞれ必要な書類を各提出先に届け出る。提出期限と記載漏れに注意。
- ☑ **社内システムのアクセス権やアカウントなどの停止**
  社内システムへのアクセス権やメールアカウントなどを確認し、必要に応じて使用停止や削除を行う。
- ☑ **退職する社員に渡さなければならないものを用意する**
  雇用保険被保険者証や源泉徴収票など、必要なものを用意。離職票を希望されれば後日郵送。

退職・解雇

解雇はいかなる場合も慎重に行う

■トラブルを避けて円満解決を

解雇とは、会社が一方的に雇用契約を終了させること。会社の経営難などによる普通解雇と、会社に損害を与えた従業員などに対する懲戒解雇があります。

解雇は、労働者の生活保護の観点から法律で厳しく規制されているので、慎重に対応するべき。裁判を避け、円満解決を目指しましょう。

解雇のルールは就業規則に記しますが、改善のための指導など回避努力をしたうえでなければ、解雇は認められない可能性があります。退職勧奨で自主退職を促し、極力解雇を避けるのが一般的です。

懲戒解雇では、事実を冷静に審議するなど慎重な判断が不可欠です。退職届を出してもらい、処分の軽い諭旨《ゆし》解雇にするという選択肢もあります。

解雇は30日前までに予告するか、解雇予告手当を支払う義務があります。なお、懲戒解雇では義務免除になることもあります。

また、産前産後や労災休業中には、解雇することはできません。

+α知識

解雇理由証明書とは

解雇予告を行った従業員から、解雇日までの間に請求されたら応じなければなりません。解雇予告日、解雇日、解雇理由を記載します。
解雇理由については、「就業規則の○条の解雇事由にあたる」などと詳しく記載します。
解雇後に請求された場合は、退職証明書を発行します。

解雇のトラブルを避ける４つのポイント

POINT 1
就業規則に解雇事由を明記しておく

どんなときに解雇となるかを明記する（右記参照）。解雇事由にあてはまればすぐに解雇できるわけではないが、解雇が起こり得ることを周知する。

POINT 2
解雇回避に向けた努力を行う

解雇事由を本人に伝え、改善策を考えて提示。本人の能力などに応じて指導や教育などを行う。解雇事由を証明する客観的なデータも記録しておく。

POINT 3
やむを得ない場合でも退職勧奨を行う

自ら退職してもらうよう勧める（ただし、強要はNG）。本人が同意して退職届を提出すれば、退職扱いとなる。

POINT 4
誠意をもって適正に手続きを行う

解雇の 30 日前までに予告。予告できなければ解雇予告手当（30 日に足らない日数分の平均賃金）を支払うなど、解雇手続きを正しく行う。

【解雇事由の例】

- 身体または精神の障害により、業務に従事できなくなった場合
- 契約書に明示された能力、経験、スキルが明白に欠けている場合
- 著しく職務能力が劣り、向上の見込みがない場合　　など

本人に納得してもらい、同意を得ることが最も大切！ 時間をかけて進めましょう。

労働者に非があっても解雇は慎重に

就業規則の懲戒事由、解雇事由に定める

普通解雇と同様に、どのようなときに懲戒解雇が行われるかを明記しておく。また、解雇事由の中に、懲戒解雇事由を盛り込んでおく。

事実確認や客観的な審議を怠らない

解雇事由にあてはまったら、事実確認を行う。本人による聴取や弁明の場を設け、公正に審議。就業規則で手続きを定めている場合はそれにしたがう。

本人が同意すれば…
諭旨解雇にできる

懲戒解雇より処分を若干軽減できる。退職金が全額、または一部支払われることもある。

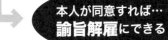

萩谷雅和（はぎや　まさかず）

1950年生まれ。東北大学大学院修士課程修了（公法課程専攻）。78年、司法試験合格。81年、弁護士登録。第一東京弁護士会所属。東京・千代田区に萩谷法律事務所を構え、一般民事・刑事事件、企業法務などを手がける。共著書に、『図解雑学Q&A 知って得する民法』（ナツメ社）などがある。

菅原修（すがわら　しゅう）

1990年生まれ。中央大学法科大学院法務研究科修了。2015年、司法試験合格。17年、弁護士登録。第一東京弁護士会所属。企業法務を中心に、一般民事事件、家事事件などを広く手がける。18年からはベンチャー企業の取締役も務めており、法務・財務・経営企画業務に従事している。

〈参考文献〉

◎書籍

『これ一冊でぜんぶわかる！ 労働基準法　2018～2019年版』（ナツメ社）
『図解 知っておきたい労働基準法』（ナツメ社）
『同一労働同一賃金の衝撃』（日本経済新聞出版社）
『日経MOOK 社長のための残業時間規制対策』（日本経済新聞出版社）
『「働き方改革法」の実務』（日本法令）
『平成30年改正対応 働き方改革実現の労務管理』（中央経済社）
『ワーキング・イノベーション 働き方改革の提案書』（産業能率大学出版部）

◎新聞

「日本経済新聞」

◎ホームページ

「厚生労働省」https://www.mhlw.go.jp/
「入国管理局」http://www.immi-moj.go.jp/

装幀　石川直美（カメガイ デザイン オフィス）
カバーイラスト　Zenzen/Shutterstock.com
本文デザイン　OKAPPA DESIGN
本文イラスト　さいとうあずみ
校正　黒石川由美
編集協力　浅田牧子　オフィス201
編集　鈴木恵美（幻冬舎）

知識ゼロからの働き方改革で変わる労働法入門

2019年2月25日　第1刷発行

監　修　萩谷雅和　菅原修
発行人　見城 徹
編集人　福島広司

発行所　株式会社 幻冬舎
〒151-0051　東京都渋谷区千駄ヶ谷4-9-7
電話　03（5411）6211（編集）　03（5411）6222（営業）
振替00120-8-767643
印刷・製本所　株式会社 光邦

検印廃止

ISBN978-4-344-90335-7 C2095
幻冬舎ホームページアドレス　http://www.gentosha.co.jp/
この本に関するご意見・ご感想をメールでお寄せいただく場合は、comment@gentosha.co.jpまで。